BSI ECONOMICS

La nouvelle génération d'économistes

JE COMPRENDS *enfin* L'ÉCONOMIE

ÉDITION 2020

Sous la coordination de
Sylvain Bersinger, Arthur Jurus et Victor Lequillerier

DUNOD

Graphisme de couverture : Elisabeth Hebert
Mise en pages et maquette intérieure : Nord Compo

Dunod Éditeur, 11 rue Paul Bert, 92240 Malakoff
ISBN 978-2-10-080569-3

TABLE DES MATIÈRES

* Les questions précédées d'une astérisque sont reprises de l'édition 2019 de cet ouvrage.

Les chapitres peuvent se lire indépendamment les uns des autres.

PRÉFACE

En France, les sujets économiques provoquent des réactions qui semblent contradictoires : d'un côté, ils sont souvent vus comme complexes voire abstraits, et peuvent susciter méfiance et rejet ; d'un autre, les sondages réguliers confirment à la fois un désir d'en savoir plus et la perception d'un manque de compétences en la matière. Les Français obtiennent d'ailleurs des scores inférieurs à ceux de nombreux voisins européens sur des questions standards relatives aux taux d'intérêt ou à l'inflation ; et les tests (PISA) de l'OCDE les placent en dessous de la moyenne pour la culture financière des jeunes de quinze ans. Les médias, et notamment la presse, devraient jouer un rôle notable dans la diffusion des connaissances et, partant, dans l'éducation économique des Français. Pour autant, quand on demande à ces derniers quelle source leur paraît la plus fiable, les médias sont mal classés, les politiques étant encore derrière. En s'appuyant sur des experts mais en s'exprimant simplement, il faut donc innover… dans le format, le style et bien sûr la pédagogie du contenu.

Innover, c'est ce que font les jeunes économistes du *think tank* BSI Economics à travers leurs articles, diffusés notamment *via* les réseaux sociaux, leurs conférences et surtout grâce à l'édition 2020 de leur ouvrage annuel.

L'édition 2019 de *Je comprends enfin l'économie* donnait déjà le ton. Il s'agissait d'expliquer, sans jargon ni mathématiques, des problématiques économiques apparemment complexes mais importantes pour chaque citoyen. Et ce fut une réussite ! L'expérience se poursuit dans cette nouvelle édition où chaque article à la fois descriptif et concis vient expliciter une question d'actualité. Sans prétendre à l'objectivité, la pluralité des profils des auteurs, universitaires et/ou praticiens, contribue à traiter de façon concrète des sujets sur lesquels il n'y a pas nécessairement consensus. L'objectif est d'essayer de démocratiser et de partager la connaissance en économie auprès d'un public aussi large que possible.

En 2017, j'ai tout de suite été séduit quand les fondateurs de BSI Economics sont venus me solliciter à la Banque de France, sans engager cette dernière, pour faire partie de leur Comité stratégique en voie de création. Certains contributeurs à BSI Economics appartiennent d'ailleurs à cette institution de la République, qui a aussi une mission d'éducation économique, confirmée par son rôle d'opérateur de la stratégie nationale d'éducation financière. Outre son site Internet et ses publications, la banque centrale gère en France le portail dédié à l'éducation budgétaire et financière mesquestionsdargent.fr. Et elle vient d'ouvrir, à Paris, Citéco, la Cité de l'économie, premier musée européen d'éducation économique, interactif et ludique (www.citeco.fr).

Mais c'est en toute indépendance que les contributeurs de BSI Economics rédigent leurs articles. Et c'est ce qui fait la richesse de ce livre et le succès, à n'en pas douter, de leur démarche collective.

Marc-Olivier Strauss-Kahn,
président du Conseil scientifique de Citéco,
Cité de l'économie

INTRODUCTION

Il y a un an sortait la première édition de *Je comprends enfin l'économie* de BSI Economics, avec l'idée de combattre les idées reçues en proposant au grand public des clés de lecture et de compréhension pour mieux appréhender les enjeux économiques contemporains. 25 questions avaient été soulevées et décryptées, une première ébauche ponctuée d'un certain succès, qui ne pouvait qu'être suivie par un nouvel ouvrage. Pourquoi ? Tout d'abord, l'économie ne peut bien évidemment pas être réduite à 25 questions et surtout, en l'espace d'une année seulement, l'actualité s'est enrichie, suscitant de nouveaux débats.

Des nouveaux débats certes, mais pas toujours de nouveaux sujets ! Les exemples sont nombreux : la politique du président américain Donald Trump offre une nouvelle occasion de réfléchir au protectionnisme, le changement climatique est plus que d'actualité, ou encore la France, avec la taxe GAFA, invite à s'interroger sur l'optimisation fiscale. Faut-il en déduire que le débat en économie est vain ? Non, bien au contraire ! Cela démontre que l'économie, à l'instar du monde, est en perpétuelle mutation. Les enseignements d'hier sont donc précieux, mais se doivent d'être revisités fréquemment pour mieux comprendre l'environnement dans lequel nous évoluons.

Tel est l'objectif poursuivi par BSI Economics : alimenter une réflexion permanente, en fournissant des analyses indépendantes, pédagogiques et pragmatiques, des valeurs chères à la trentaine d'économistes et de spécialistes participant à ce recueil collaboratif. Ce nouveau millésime de l'année 2020 s'inscrit donc dans la continuité du précédent, mais peut parfaitement se lire indépendamment du premier.

À travers 40 questions d'actualité, des concepts, problématiques fondamentales et chiffres clés de l'économie sont ici présentés et discutés. Parmi elles, les questions internationales occupent une place significative (tensions commerciales sino-américaines, indépendance des banques centrales), mais également les thématiques relatives au climat (coût de la transition énergique, outils des États pour lutter contre le réchauffement) ou celles portant plus particulièrement sur la France (état des finances publiques ou des questions plus sociétales comme les inégalités hommes-femmes) et l'Europe (avenir de l'euro).

À l'issue de la lecture de ce livre, pas plus qu'aucun économiste digne de ce nom, vous ne comprendrez pas tout de l'économie, mais vous disposerez de multiples outils pour mettre en perspective et saisir les différents enjeux économiques actuels et à venir. Comme l'évoquait très justement Marc-Oliver Strauss Kahn en préface, en économie, que les sujets soient « anciens » ou « nouveaux », il n'existe pas toujours de consensus. Or, c'est très probablement dans la divergence des avis pertinents, dans le partage des réflexions avisées et dans l'émergence des idées novatrices que réside la principale richesse de la discipline économique.

N.B. Les propos des auteurs n'engagent qu'eux et en aucun cas les institutions pour lesquels ils travaillent.

1 Quels sont les bénéfices et risques des tensions commerciales sino-américaines ?

Les tensions commerciales sino-américaines se sont intensifiées depuis le premier semestre 2018. En appliquant progressivement des hausses sur les tarifs douaniers imposés sur les importations de produits chinois, l'administration américaine exige un traitement tarifaire équitable entre les exportations chinoises et américaines. Mais quels sont les avantages et risques d'une telle politique pour les États-Unis et le commerce international ?

La stratégie économique américaine : une offensive vieille de 50 ans

Ces évènements s'inscrivent dans la continuité de la stratégie commerciale américaine qui, à de maints égards, s'avère rationnelle. Dès l'après-guerre, le multilatéralisme connaît une phase d'expansion marquée notamment par la création de l'Accord général sur les tarifs douaniers et le commerce (GATT) devenu en 1995 l'Organisation mondiale du commerce (OMC). L'administration américaine a ainsi contribué au développement du libéralisme économique par l'émancipation du libre-échange de marchandises et services à l'échelle mondiale.

Pourtant, en parallèle, une vraie guerre économique a été menée. En 1977, les États-Unis créent une loi d'extra-territorialité du droit américain pour lutter contre la corruption d'agents publics à l'étranger. Cette loi permet de sanctionner financièrement des multinationales étrangères, si celles-ci enfreignent la loi américaine et disposent de filiales aux États-Unis, et ainsi peut potentiellement les affaiblir financièrement par des amendes. Cela peut ainsi favoriser – dans certains cas – des stratégies de rachat par des entreprises américaines. Cette loi a fait l'objet de longues années de débats à l'OMC et a marqué les premières approches unilatérales au sein de l'organisation.

C'est un grand principe d'économie : lorsqu'un jeu collaboratif se met en place, dévier des conditions existantes peut rapidement devenir profitable. Ainsi, lorsque la majorité des économies mondiales sont sous la coupe d'une organisation multilatérale, s'affranchir des règles internationales permet aux pays déviant d'en tirer un bénéfice. En particulier lorsque ce pays dispose d'une demande intérieure élevée. C'est en cela que la démarche américaine, en dépit de toute considération d'ordre géopolitique dont cet ouvrage ne souhaite pas traiter, peut se justifier.

L'administration américaine devrait ainsi répondre à deux questions : quels sont mes intérêts à solliciter une renégociation des accords commerciaux et quels sont les risques de prolonger les tensions commerciales ?

La guerre tarifaire actuelle ne marque pas de rupture avec l'approche unilatérale américaine. Certes, elle remet davantage en cause le rôle de l'OMC et plus largement le nécessaire recours à une médiation internationale. Mais l'origine de cette rupture avec l'OMC est plus profonde.

Cette tendance a été amorcée en 1977 par le *Foreign Corrupt Practices Act* (FCPA) puis par les lois Helms-Burton et d'Amata-Kennedy en 1996, sous le mandat de Bill Clinton, actant l'interventionnisme juridico-économique assumé des Américains. Des lois extraterritoriales contestables mais ne remettant pas en cause le droit international. Enfin, le refus de fermer les discussions du cycle de Doha par l'administration américaine sous Barack Obama, dès 2010, prouve que cette culture de la guerre économique américaine n'est plus tributaire de chaque nouvelle administration. C'est en cela qu'il peut paraître hasardeux de conclure que les tensions commerciales actuelles prendront nécessairement fin avec les prochaines élections américaines en cas de non-réélection de Donald Trump.

Le protectionnisme tarifaire : une solution temporaire pour renforcer la compétitivité américaine

Le premier objectif de l'augmentation des tarifs douaniers est de préserver ou développer le *leadership* américain sur le commerce mondial en protégeant ses propres acteurs ou en pénalisant leurs concurrents étrangers. Le protectionnisme devient alors un outil temporaire pour favoriser le rattrapage de ses entreprises dans des secteurs à forte valeur ajoutée. Les sanctions à l'encontre du Chinois Huawei en sont une illustration. En déstabilisant la chaîne de valeur du géant chinois, l'administration américaine cherche à gagner du temps sur cette entreprise trop en avance sur la 5G, et ainsi rattraper son retard technologique.

Le second objectif est de ne pas respecter les accords multilatéraux pour regagner de la compétitivité prix. L'article 24 de l'OMC n'exclut pas la mise en place d'accords régionaux sous la condition que les pays concernés éliminent totalement les droits de douane entre eux. En ce sens, l'objectif explicite des États-Unis est de rendre équitables, soit au moins équivalents, les tarifs douaniers appliqués par les exportateurs chinois comme américains. À court terme, si les États-Unis et la Chine entretiennent une guerre tarifaire non-coopérative, alors chacune de ces économies a intérêt à dévier la première des conditions commerciales pour obtenir un profit supplémentaire. Enfin, sur le long terme, les tensions commerciales sino-américaines pourraient favoriser la réduction des tarifs douaniers à l'échelle mondiale en imposant à leurs partenaires la pratique de taxes moins élevées.

Ces deux objectifs peuvent justifier un regain de tensions commerciales sans impliquer une hausse des prix pour le consommateur. Premièrement, cela est rendu possible, si les entreprises ne répercutent pas la hausse des taxes douanières sur les prix aux consommateurs. Cela réduit leur marge mais permet de stabiliser les volumes de ventes. Deuxièmement, les consommateurs américains peuvent importer les mêmes biens, si ces derniers sont produits dans un autre pays que la Chine. Cela leur permet d'éviter de payer moins cher les produits ciblés par les taxes douanières. Les exportations à Taïwan et au Vietnam ont ainsi fortement augmenté depuis fin 2018, justifiant une substitution déjà observée des importations depuis la Chine.

Néanmoins, l'ensemble des biens importés ne sont pas systématiquement transposables de la Chine vers une autre économie. Par conséquent, certains prix de produits à forte valeur ajoutée pourraient augmenter et pénaliser le consommateur américain. Une dernière alternative est alors possible : l'appréciation du dollar américain face au yuan. Cette situation avantagerait le consommateur américain mais pénaliserait les exportateurs américains, soit les grands leaders américains sur le commerce mondial.

Le protectionnisme tarifaire : un pari néanmoins risqué pour l'économie

Les tensions commerciales ne sont pas sans risque pour la conjoncture économique. Tout d'abord, les pays concernés ne sont pas immobiles et mettent en place des mesures de représailles. Ainsi, à chaque fois que les États-Unis ont imposé des nouveaux droits de douane sur leurs importations chinoises, la Chine a répondu avec une hausse des droits de douane sur les biens américains. Cela a pour effet de défavoriser les exportations américaines en Chine et donc l'activité des exportateurs américains. Tôt ou tard, la baisse des exportations se traduira par moins de créations d'emploi dans les industries domestiques concernées.

Par ailleurs, les tensions commerciales alimentent l'incertitude et ont ainsi un effet direct et négatif sur l'activité économique. Dans cet environnement, les entreprises vont préférer attendre d'avoir plus de visibilité sur leurs débouchés, avant d'investir ou de créer des emplois. Des exportations et un investissement moins dynamiques sont une source de ralentissement pour l'activité économique.

À long terme, les tensions commerciales, qui se traduisent par une hausse des droits de douane, auront des effets néfastes sur la qualité de vie des consommateurs. Il est vrai qu'en augmentant les barrières tarifaires, les États-Unis peuvent protéger leurs entreprises domestiques dans les industries exposées à la concurrence internationale. Toutefois, en agissant ainsi, ils risquent aussi de réduire le bien-être des consommateurs.

D'une part, la hausse des droits de douane peut entraîner une perte du pouvoir d'achat des ménages *via* de l'inflation. En effet, les entreprises exportatrices sont susceptibles de transmettre une part des droits de douane aux consommateurs. Même si les ménages peuvent réorienter leurs dépenses vers des producteurs locaux moins chers, ceux-ci sont probablement moins compétitifs que leurs auxiliaires étrangers et proposent des prix hors taxes plus élevés.

D'autre part, même si les producteurs locaux ont une bonne compétitivité coût, la littérature économique montre que leurs produits sont susceptibles d'être de moindre qualité que ceux des concurrents étrangers. Ainsi, les barrières à l'échange mises en place réduisent le bien-être du consommateur en lui donnant accès à des produits plus chers et/ou de moindre qualité.

Enfin, si le protectionnisme se transforme en un scénario de long terme, il se traduira par une productivité et donc un potentiel de croissance moins élevés. Les industries domestiques protégées seront par définition plus proches de la situation de monopole que si leurs concurrents étrangers n'avaient pas de barrières à l'entrée sur le marché domestique. Dans une telle situation, elles auront moins d'incitation à l'innovation et donc à engendrer du progrès et de la richesse dans le pays qui a augmenté ses droits de douane.

Les tensions sino-américaines illustrent donc la stratégie économique américaine de long terme qui se fonde sur un cadre juridico-économique et une approche unilatérale des relations internationales pour améliorer la compétitivité des entreprises outre-Atlantique. Les évènements actuels actent la bipolarisation du commerce international autour de deux grandes puissances. Surtout, ce phénomène est susceptible de perturber la croissance économique à moyen terme et son potentiel sur le long terme. Adopter une approche coût-bénéfice devient alors prioritaire pour juger de la durabilité de ces tensions au-delà des prochaines élections présidentielles américaines.

2 L'Europe et l'euro ont-ils un avenir ?

L'Europe vit à l'heure actuelle l'une des plus graves crises de son histoire, car elle est exposée à la montée des partis appartenant aux extrêmes du spectre politique et confrontée à l'émergence de mouvements remettant en cause le fonctionnement même de la représentation politique. Dans ce contexte, la construction européenne est soumise à rude épreuve. Elle souffre d'un déficit de popularité et voit des partis non traditionnels faire voler en éclats ses propres fondements en faisant notamment appel à des sentiments nationalistes. En outre, les remplacements du président de la Commission européenne, du Parlement européen et du président de la BCE au cours de 2019 vont jouer un rôle crucial au cours des années à venir pour éviter une fragmentation maintes fois annoncée de l'Union européenne.

Celle-ci pourra-t-elle survivre dans un contexte marqué par un si haut niveau d'incertitude ? Ou ressortira-t-elle grandie et renforcée comme au cours des précédentes crises qui ont marqué son existence ?

La BCE va-t-elle continuer à jouer son rôle d'ancre de stabilité pour l'Union monétaire européenne ?

La BCE a joué un rôle primordial depuis sa création en 1992 et sa prise en charge de la politique monétaire européenne à partir de 1999. Son principal mandat, qui consiste à établir la stabilité des prix sur la base d'un objectif d'inflation de 2 %, a des répercussions d'une ampleur insoupçonnée : (1) il facilite les décisions de consommation, d'épargne et d'investissement, (2) il protège les catégories de la population les plus fragiles économiquement (les ménages aux revenus les plus faibles sont les plus exposés à l'instabilité des prix) et (3) il promeut la convergence des économies européennes en favorisant la stabilité de la monnaie unique.

En outre, la BCE joue aussi un rôle de superviseur (des 120 plus gros acteurs bancaires européens) et de garant du système bancaire européen. Elle a fait ses preuves en tant que prêteur en dernier ressort durant la crise des *subprimes* en 2009 ou durant la crise souveraine de 2012 et dispose désormais avec les récents progrès de l'Union bancaire européenne d'un arsenal important de prévention et de stabilisation de tout risque systémique. Sa crédibilité est maintenant fermement établie au niveau international.

L'Europe sera-t-elle capable de protéger les générations futures ?

La Commission européenne ainsi que la BCE, à travers sa communication, sont d'ardents défenseurs de la rigueur budgétaire. Le Pacte de stabilité et de croissance impose aux États membres de la zone euro des déficits et dettes publiques respectivement inférieurs à 3 % et 60 % du PIB. Quelles que soient les critiques d'un tel cadre pour organiser la coordination des politiques budgétaires, les faits sont là : en 2018, la dette publique de la zone euro s'élevait à 85,1 % du PIB contre 106,8 % du PIB aux États-Unis.

La dette du secteur privé, même si elle a enregistré une forte hausse sur les dernières années, reste inférieure en Europe par rapport à la Chine et aux États-Unis (100 % du PIB contre plus de 200 % en Chine et plus de 150 % aux États-Unis). L'épargne totale reste également élevée. Elle représente 26 % du PIB européen contre 18 % aux États-Unis et 47 % en Chine. La faiblesse de la dette totale et l'importance relative de l'épargne signifient que la richesse nette de la zone euro est plus importante relativement à ses principaux concurrents. Le ratio entre la dette du secteur privé et l'épargne totale est ainsi relativement plus faible en Europe : 3,8 contre 4,3 en Chine et 8,3 aux États-Unis. Tous ces indicateurs montrent que le poids de la dette sera relativement moins fort en Europe pour les générations futures.

L'Europe peut-elle contribuer à reconstruire les bases du multilatéralisme ?

L'Europe est le premier exportateur mondial, représentant environ 20 % du commerce mondial. Elle a signé plus de 50 accords de libre-échange et continue d'être particulièrement active dans le domaine avec des initiatives jointes impliquant Singapour, le Vietnam, le Japon, le Mexique et le Mercosur. Ces accords sont censés générer 40 milliards d'euros d'exportations supplémentaires par an et presque un demi-point de croissance. Ils mettent en outre davantage l'accent sur les règles environnementales et sociales. Dans un contexte où le consensus de Washington, visant à la dérégulation des économies et aux pratiques néolibérales, est de plus en plus remis en cause par la Chine et les États-

Unis, l'Europe continue de promouvoir l'ouverture aux échanges en exigeant des normes élevées en matière de protection des consommateurs, de l'environnement et du droit de travail.

Le modèle social européen sera-t-il remis en cause ?

La nouvelle vague de fond politique contestataire exprime généralement un ressentiment des catégories sociales les plus défavorisées qui ont vu les inégalités s'accroître à un niveau très important. À l'image du reste du monde, l'Europe a en effet enregistré une augmentation de la part des revenus des ménages les 1 % les plus aisés. Entre 2000 et 2018, cette dernière est passée de 10 % à 11 % du revenu national, tandis que 50 % des ménages aux revenus les plus modestes stagnaient sur la même période et ne représentaient que 17,5 % de la richesse nationale.

Malgré ce constat d'échec en termes de réduction des inégalités, il ne faut pas rejeter en bloc le modèle européen car ce dernier fait mieux que d'autres parties du monde et notamment les États-Unis qui ont vu ces mêmes proportions passer respectivement de 18 % à 20 % de la richesse nationale (pour les 1 % les plus aisés) et baisser de 15 % à 12,5 % pour 50 % des ménages les moins aisés. Malgré des accusations de libéralisme exacerbé promouvant la compétition fiscale et le dumping social, les institutions européennes n'ont pas fondamentalement remis en cause le modèle social des différents États européens qui, en moyenne, reste plus redistributif que le reste du monde.

Les gouvernements nationaux restent maîtres de leur politique fiscale et sociale tandis que les politiques économiques européennes visent avant tout à réduire les différences de revenus moyens entre États (programmes de convergence). Même si le modèle social européen est en train de s'éroder, il reste plus protecteur et plus redistributif que le reste du monde. La protection sociale ainsi que l'accès à l'éducation et à la santé vont continuer à représenter une source d'attractivité et de stabilité dans le futur.

Les droits des individus resteront-ils au cœur du projet de construction européenne ?

La défense des droits des individus face au pouvoir économique et politique va rester au cœur du projet de construction européenne et va représenter un atout primordial. Cette protection des individus s'observe aussi au niveau politique. La liberté de l'expression est respectée en Europe tandis que les droits des individus sont préservés face aux menaces éventuelles émanant des États (la Cour européenne de justice représente un exemple rare d'organe supranational auquel se soumettent les États membres) ou de larges entreprises (luttes contre les situations de monopole et respect des droits d'accès aux données et informations personnelles).

Le Règlement général sur la protection des données (RGPD, entré en vigueur le 25 mai 2018) illustre parfaitement cette primauté de l'individu face au pouvoir économique des multinationales et sert aujourd'hui de modèle au niveau international. Dans ce cadre de la promotion des droits individuels, les décisions des institutions européennes semblent bien souvent s'opposer à la logique purement économique. Néanmoins, cela représente un atout majeur pour les années qui viennent, si l'on pense combien l'innovation et la créativité sont indissociables d'une préservation des libertés fondamentales, et combien ces libertés sont remises en cause dans d'autres parties du monde.

L'Europe reste le terreau le plus fertile pour l'émergence d'une troisième voie

Les mouvements de contestation tels que celui des « gilets jaunes » et le Brexit, au-delà du rejet des élites, et notamment des élites européennes, expriment un même type d'opposition entre le centre et la périphérie de la France et du Royaume-Uni. Il y a d'un côté les capitales, Paris et Londres, qui sont attractives et profitent de la mondialisation, et de l'autre côté, une part de la population plus à la marge ou à la périphérie qui souffre de cette mondialisation. Des pressions à la baisse s'exercent sur les salaires des travailleurs les moins qualifiés ou les plus éloignés des centres économiques qui sont intégrés au niveau mondial. Au cours des années qui viennent, l'Europe sera donc jugée à l'aune de sa capacité à résister aux aspects les plus néfastes de la mondialisation.

De ce point de vue, le vieux continent dispose d'atouts indéniables en restant par exemple à la pointe des initiatives visant à lutter contre le réchauffement climatique. L'Union européenne a officiellement ratifié l'Accord de Paris le 5 octobre 2016 avec pour objectif de réduire les émissions de gaz à effet de serre de 40 % d'ici 2030 (sur la base de contributions nationalement déterminées). Cet activisme environnemental, qui requiert et promeut officiellement l'action des organismes non étatiques tels que les villes, les régions et la société civile, pourrait favoriser l'émergence d'un nouveau modèle économique moins centralisé et plus soucieux des déséquilibres sociaux, environnementaux et territoriaux.

Ainsi, l'Europe se caractérise à première vue par un manque de manœuvrabilité vis-à-vis des modèles centralisés américains et chinois et par une « moindre efficacité économique » au vu des multiples mécanismes de protection de l'individu, de l'environnement et des droits sociaux qui sont souvent accusés de produire un niveau de chômage plus élevé. Par ailleurs, elle est de plus en plus fragmentée du fait de la montée des nationalismes et autres mouvements contestataires.

Néanmoins, ce modèle imparfait a déjà fait la preuve de sa capacité à résister aux chocs intérieurs et extérieurs. Il offre une troisième voie cherchant un équilibre entre pouvoir politique, économique et sociétal et préservant les richesses ou diversités territoriales grâce notamment à sa politique environnementale. Le canard boiteux européen, en luttant contre la concentration des pouvoirs, et en disposant d'un outil monétaire et budgétaire puissant et crédible face aux autres blocs dominants, représente la meilleure chance d'une autre globalisation.

3 Pourquoi y a-t-il encore plus de dettes aujourd'hui qu'en 2007 ?

La crise financière mondiale de 2008 a été provoquée par un excès de dette. Aujourd'hui, un peu plus de dix ans après cette crise, le niveau d'endettement mondial est… encore plus élevé ! Cette évolution contre-intuitive appelle de soulever le capot de cet endettement, par pays et par agent, pour distinguer des risques potentiels.

En 2008, un excès d'endettement a provoqué la pire récession depuis les années 1930

Fin 2007, l'endettement des ménages américains a atteint près de 100 % du PIB. Ce niveau représentait alors une dette rapportée au revenu six fois plus élevée qu'au lendemain de la Seconde Guerre mondiale (avec un ratio d'endettement de seulement 15 % du PIB en 1946). Cette augmentation considérable de l'endettement américain de 1945 à 2007 s'est faite de manière relativement progressive, de l'ordre d'1 point par an, jusqu'aux années 2000. Elle correspondait, dans les années 1950 et 1960, principalement à une croissance dite « extensive » de la dette hypothécaire, c'est-à-dire à une proportion plus importante de ménages contractant un emprunt immobilier. À partir de l'année 2000, si l'endettement des ménages s'est véritablement emballé (+ 30 points en huit ans), il a surtout concerné des ménages déjà endettés, et ce quels que soient leurs revenus.

Les années 2000 ont vu d'autres poches d'endettements excessifs se former : la dette des ménages portugais, espagnols, grecs et irlandais a augmenté de 35 à 45 points, tandis que les entreprises non financières espagnoles et irlandaises accumulaient également 45 à 60 points de dette sur PIB. Au total, l'ensemble du secteur non financier (ménages, entreprises et États) des économies avancées a accumulé 26 points de PIB d'endettement en huit ans (42 points aux États-Unis).

Le cycle d'endettement aux États-Unis depuis 1999 (en % du PIB)

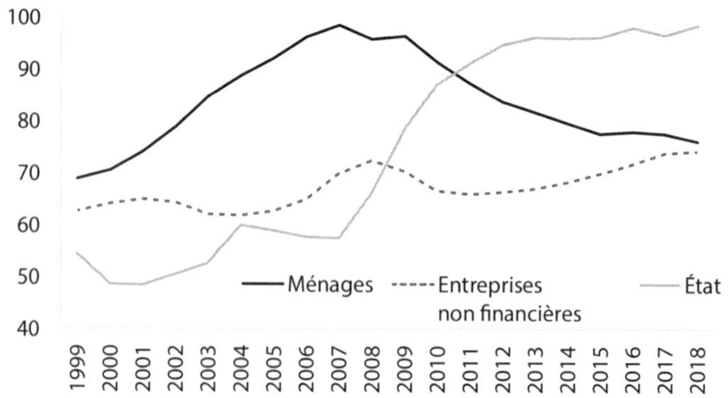

Source : Banque des règlements internationaux, septembre 2019.

Dans la décennie qui a suivi cet excès d'endettement, la dette a… encore augmenté !

À fin 2018, la dette des agents non financiers des économies avancées atteint 265 % du PIB, soit une progression de 22 points par rapport au niveau de fin 2007. L'endettement est ainsi encore croissant aux États-Unis (+ 21 points), en zone euro (+ 40 points) et au Japon (+ 68 points). L'accumulation de dette est tellement généralisée qu'il devient plus efficace de dresser la liste des pays avancés dont l'endettement a reculé (l'Allemagne et Israël) ou s'est stabilisé (la Nouvelle-Zélande).

Cette poursuite de la tendance haussière de l'endettement masque en fait un transfert massif : les ménages se sont très largement désendettés (– 10 points de PIB depuis fin 2007), notamment aux États-Unis, en Espagne et au Portugal (baisses respectives de plus de 20 points) et, dans une proportion encore plus importante, en Irlande (– 54 points). La dette des ménages américains est ainsi revenue à 76 % fin 2018, son niveau de début 2002, et est ainsi nettement inférieure à ce qu'aurait engendré une poursuite depuis 2000 de la modeste tendance haussière d'un point par an.

Une crise pas comme les autres : la « récession de bilan »

Ce cycle d'endettement des ménages (fortement à la hausse jusqu'en 2007, à la baisse après) a vu à son pic une « récession de bilan ». Concrètement, l'endettement (excessif) des ménages dans les années 2000 s'est accompagné d'une appréciation (tout aussi excessive) des prix d'actifs, surtout immobiliers.

Le rapport de causalité entre les deux phénomènes (endettement hypothécaire et inflation immobilière) est largement symétrique : la libéralisation financière a permis l'emballement du crédit qui nourrit l'inflation des prix immobiliers et, concomitamment, l'appréciation du patrimoine immobilier des ménages leur a permis de renégocier leurs conditions d'emprunt (à revenu inchangé) et donc d'extraire de leur bien immobilier un endettement supplémentaire. Après 2007, les ménages endettés se sont efforcés de réduire leur endettement. Cet assainissement de leurs comptes s'est traduit (arithmétiquement et économiquement) en partie par des annulations de dette (lorsque les ménages se sont déclarés insolvables) mais aussi par une augmentation très significative de l'épargne des ménages.

La synchronisation à l'échelle d'un pays (voire de l'ensemble des économies avancées) de ce comportement individuel prudent d'épargne supplémentaire s'est transformée en une contraction généralisée de la demande, c'est-à-dire une récession économique. L'ensemble des agents privés (ménages comme entreprises) ont alors ajusté leurs décisions (de consommation, d'investissement et même de [dé]stockage) en un comportement là encore raisonnablement prudent, amplifiant la contraction de la demande agrégée.

Comment survivre à une récession de bilan ?

La particularité d'une « récession de bilan » provient de l'ampleur du comportement d'épargne privée. Elle est en effet telle que même une très forte baisse des taux d'intérêt (ramenés par la Réserve fédérale américaine de plus de 5 % à 0 % en moins de six mois fin 2008) ne suffit pas à désinciter l'épargne ou à relancer l'endettement (pour les agents dont le bilan est relativement solide). Pire, la contraction de la demande (donc des revenus) vient encore dégrader les bilans des agents endettés qui doivent redoubler leurs efforts d'épargne.

Face à l'impuissance de la baisse des taux d'intérêt courts (l'outil traditionnel de la politique monétaire), les banques centrales ont eu alors recours à des mesures dites « non conventionnelles » (l'assouplissement quantitatif, c'est-à-dire l'expansion de leur bilan par l'achat d'actifs financiers, essentiellement de la dette). En réalité, ces mesures sont certes inédites mais ne sont que la poursuite d'une politique de baisse des taux d'intérêt affectant l'économie réelle. En effet, celle-ci finance ses investissements essentiellement à taux longs tandis que l'outil traditionnel des banques centrales est à court terme.

Mais malgré cette baisse supplémentaire des taux d'intérêt (longs), le souhait d'épargne des agents privés (soit pertinent pour redresser leur bilan, soit raisonnablement prudent) est resté très important. Certains économistes ont d'ailleurs considéré cette politique monétaire comme peu, ou totalement inefficace, voire même contre-productive. Le débat reste ouvert (et vif) !

Pour sortir de cette contraction auto-entretenue de l'activité économique, le surplus d'épargne (privée) devait donc être compensé par un nouveau flux d'endettement (public). Mais puisque la dette a été la cause de la crise de 2008, de nombreuses voix se sont élevées contre le recours à toute forme d'endettement supplémentaire. Pire, le souhait d'améliorer le bilan des États, donc d'augmenter leur épargne ou de réduire leur déficit, est venu renforcer l'épargne agrégée et la contraction de la demande donc de l'économie.

Si ces comportements de consolidation budgétaire ont empiré l'ampleur de la récession dans de très nombreux pays, notamment en France, en Italie et en Espagne, ils ont eu le mérite de démontrer la réalité de ce phénomène (comme l'ont reconnu depuis les organisations internationales), notamment par rapport à d'autres États qui avaient fait le choix inverse, comme les États-Unis ou le Royaume-Uni.

Nouveaux endettements excessifs et mésusage de la dette : les dommages collatéraux de la politique monétaire

Avec la libre circulation des capitaux, les choix de politique monétaire des pays les plus touchés par la récession de bilan (donc pour lesquels un ajustement de bilan du secteur privé appelait une période relativement longue de taux bas) ont affecté (quasiment) la totalité des économies du monde, y compris celles où un tel ajustement du coût de financement n'était pas nécessaire. Alors que les bilans s'ajustaient progressivement dans le premier groupe de pays, l'endettement augmentait très rapidement dans les autres. Pourtant alors déjà très endettés, les ménages suisses (avec une dette de 129 % du PIB fin 2018), australiens (120 %), norvégiens et canadiens (autour de 100 %) ont ainsi accumulé 12 à 26 points d'endettement supplémentaire depuis 2007.

Une fois encore, ces dettes hypothécaires se sont accompagnées d'une croissance très forte des prix immobiliers réels (c'est-à-dire au-delà de l'inflation), avec des effets modestes sur la croissance économique réelle et une fragilisation du bilan des ménages à une remontée des taux d'intérêt et, plus inquiétant, à une baisse de la valorisation de leurs actifs immobiliers. De même, si certaines entreprises ont amélioré leur bilan ou se sont endettées à taux bas pour investir, participant à compenser (en partie seulement) l'excès d'épargne privée, d'autres entreprises (par exemple aux États-Unis) ont augmenté leur endettement pour racheter les actions qu'elles avaient précédemment émises.

Le recours à l'endettement public était donc bienvenu dans les premières années qui ont suivi la crise financière mondiale, de façon à compenser l'assainissement du bilan du secteur privé et l'effondrement associé de la demande. Mais d'une part l'endettement n'a pas toujours été utilisé à bon escient, d'autre part de nouvelles poches d'excès se sont formées.

4 Pourquoi a-t-on besoin de banques centrales indépendantes ?

« Je respecte son indépendance. Cependant, j'espère qu'indépendamment il [le président de la banque centrale] va comprendre que ma façon de voir les choses est celle qui devrait être suivie. » (Richard Nixon, président américain, 1970)

« Si on avait une banque centrale qui baissait les taux d'intérêt, notre économie serait comme une fusée. Nous n'avons pas une banque centrale qui sait ce qu'elle fait. » (Donald Trump, président américain, 2019)

Les relations entre le gouvernement d'un État et sa banque centrale ont souvent fait l'objet de nombreuses controverses. Le plus souvent dans l'histoire, le gouvernement jouait le rôle du « puissant méchant », la banque centrale le rôle du « vulnérable gentil » qui avait besoin d'être protégé pour faire son travail correctement. L'histoire a donné du crédit à ce récit : maintes fois les gouvernements ont abusé de leur pouvoir pour s'approprier et utiliser, parfois à mauvais escient, les politiques des banques centrales, menant à certaines occasions leurs pays à des crises économiques importantes.

Maintenant que les banques centrales ont acquis davantage de protections contre leurs gouvernements et donc plus d'indépendance, cette narration semble faire partie du passé. Un passé si lointain que l'on se demande parfois si les gains associés à l'indépendance des banques centrales ne sont pas devenus inférieurs à ses coûts. Certains experts ont par exemple qualifié ces dernières années des banques centrales, comme la Banque centrale européenne, de « trop indépendantes » et de « trop puissantes ». D'autres auraient espéré que les banques centrales soient moins indépendantes afin que l'État puisse utiliser certains de leurs outils. Devant ce constat, ce sujet cherche à fournir des éléments de réponse à deux questions : quelles ont été les raisons pour lesquelles les banques centrales sont devenues plus indépendantes dans les années 1980 ? Ces raisons sont-elles encore fondées et pertinentes dans le monde actuel, ou a-t-on au contraire besoin de restreindre l'indépendance des banques centrales ?

Le monde d'avant les années 1980-1990

Le monde des banques centrales d'avant les années 1980-1990 n'avait pas grand-chose à voir avec celui que l'on connaît aujourd'hui. Les liens entre le gouvernement et la banque centrale d'un même État étaient très étroits : les banques centrales étaient très souvent aux mains du gouvernement.

Par exemple, quand le président Richard Nixon nomma Arthur Burns président de la Banque centrale américaine en 1970 (*voir* citation p. 32), il avait clairement en tête que celui-ci obéirait à ses souhaits : une politique monétaire accommodante afin que l'économie se porte mieux juste avant les élections de 1972. Burns était un sympathisant du président, qui lui avait lui-même recommandé de faire pression auprès du président de l'époque pour une politique monétaire plus accommodante juste avant les élections de 1960. À l'issue de nombreux échanges avec le président rendus publics aujourd'hui, celui-ci s'exécuta. La politique monétaire plus accommodante aura ainsi permis une augmentation de l'activité économique et une diminution du chômage juste avant les élections. Mais elle sera aussi plus tard accusée d'avoir été parmi les facteurs contribuant à une inflation importante dans les années suivantes.

Beaucoup d'autres banques centrales étaient à la merci des gouvernements. Outre les raisons électorales décrites précédemment, les gouvernements utilisaient très souvent la banque centrale et son pouvoir de créer la monnaie comme outil de financement pour toute politique budgétaire qu'ils n'avaient soit pas le courage de mettre en place, soit pas les moyens d'exécuter.

Quels coûts associer à l'utilisation déraisonnée de la banque centrale ? Inflation et instabilité économique

Si l'utilisation abusive de la banque centrale par les gouvernements n'était pas sans conséquence, les chercheurs et acteurs de la société de l'époque n'auraient jamais autant débattu de la nécessité de séparer la banque centrale et le pouvoir exécutif. Alors, pourquoi les interférences des gouvernements avec la banque centrale ont eu tant d'effets néfastes ? Il y a deux raisons simples à comprendre.

Première raison : la mise en œuvre d'une politique monétaire accommodante entraîne une inflation (une augmentation généralisée du niveau des prix) plus élevée que celle qui aurait eu lieu sans cette politique. Cette augmentation de l'inflation intervient généralement après le premier effet « positif » d'une politique monétaire accommodante : l'augmentation de l'activité économique. Mais contrairement à l'augmentation de l'activité économique, l'inflation qui suit est souvent permanente, et non temporaire. En d'autres termes, l'inflation reste quand les bénéfices économiques se dissipent vite.

Aujourd'hui, dans les pays développés, les méfaits de l'inflation sont peut-être moins manifestes. Que le niveau général des prix augmente de 2 % par an ou de 1,8 % par an, comme cela a été le cas en France en 2018, la différence est peu tangible. Or, quand aux États-Unis à la suite de l'élection de Nixon l'inflation passe de 3 % à près de 10 % (certes poussée aussi par d'autres facteurs), quand en Argentine la banque centrale se voit forcée de financer le déficit de l'État et que l'inflation passe de moins de 10 % en 2014 à près de 40 % en 2016, ou quand au Venezuela la banque centrale est amplement utilisée par l'État pour financer diverses dépenses, entraînant une inflation estimée par certains à 1 000 000 % en 2018, la différence, là, est clairement tangible.

Deuxième raison : une inflation instable et importante peut s'autogénérer et avoir des conséquences néfastes pour l'économie sur le long terme. L'instabilité d'abord. Imaginez un monde où l'augmentation du niveau des prix est de 10 % une année, 40 % l'année suivante, et anticipée à 10 % ou 40 % l'année d'après. Comment un entrepreneur va-t-il fixer ses prix dans un tel contexte ? Qui va accepter de déposer son argent dans les banques quand le pouvoir d'achat associé à la monnaie a de grande chance de diminuer significativement dans les prochaines années ?

Ce que l'on observe en général dans les pays où les prix sont instables est que les entreprises se protègent de l'inflation en fixant des prix relativement élevés, et que la confiance des citoyens dans le système bancaire est relativement faible. Cela aboutit respectivement à une inflation élevée qui s'auto-entretient, et à un système économique dont le développement se voit freiné.

La montée de l'indépendance des banques centrales

Le besoin de protéger les banques centrales de l'influence potentiellement négative de leurs gouvernements est peu à peu apparu comme évident dans les années 1980-1990, après deux décennies au cours desquelles l'inflation a été particulièrement élevée dans les pays développés. Beaucoup de gouvernements ont alors pris leurs responsabilités et conféré à leur banque centrale une indépendance plus importante. Dans les faits, cela s'est traduit par une diminution sur la capacité des gouvernements à influer sur leur banque centrale, et sur une autonomie accrue de celles-ci.

Selon les économistes, l'indépendance accordée aux banques centrales a eu plusieurs effets :

– une diminution des épisodes où le gouvernement utilisait la politique monétaire juste avant les élections pour profiter d'une augmentation temporaire de l'activité économique ;

– une discipline fiscale accrue de la part des États, qui reposent moins sur le financement de leur banque centrale ;

– une baisse de l'inflation sur le long terme, conséquence des deux facteurs précédemment cités ;

– une confiance accrue dans le système monétaire, dans la mesure où les acteurs économiques avaient moins à être préoccupés par la possibilité d'une augmentation soudaine de l'inflation.

Les banques centrales ont-elles trop d'indépendance aujourd'hui ?

Après la crise financière de 2008, certaines voix se sont élevées en dénonçant le trop d'indépendance conférée aux banques centrales, institutions dont les membres ne sont pas élus. Les critiques ont porté principalement sur deux points :

1. Les banques centrales ont, pendant la crise, utilisé des outils qui ont favorisé certains groupes, acteurs financiers par exemple.

2. Les banques centrales seraient trop (ou pas assez pour d'autres) conservatrices à un moment où l'économie aurait besoin de coordination entre les politiques du gouvernement et celles des banques centrales.

Sur le premier point, les défenseurs des banques centrales ont souligné que ces dernières avaient fait ce qu'il leur semblait nécessaire pour l'économie. Le système financier étant « cassé », il fallait le réparer pour éviter que l'économie ne s'enraille. Les effets distributifs ne furent que les conséquences et non le but de telles politiques, dont les citoyens ont, au final (c'est défendable), profité. Des banques centrales moins indépendantes auraient peut-être eu une approche plus politique du problème, avec des solutions potentiellement, donc, moins efficaces.

Sur le second point, il est important de souligner :

– qu'une coordination peut se faire en toute indépendance. Les banques centrales pourraient très bien décider de politiques exceptionnelles en concertation avec leur(s) gouvernement(s), comme cela s'est fait au Japon par exemple ;

– que toute coordination de grande ampleur entre une banque centrale et son gouvernement contient un risque, celui de rouvrir une boîte de Pandore, en soutenant la conception selon laquelle la banque centrale doit aider l'État.

L'un des risques liés à ce dernier point est celui d'un retour au monde d'avant les années 1980-1990, avec une banque centrale qui se voit utilisée par des gouvernements aux intérêts court-termistes. Les mêmes problèmes d'alors pourraient ressurgir.

L'enjeu, pour les États, serait donc d'arriver à mettre en place une coordination sans que cela ne remette en cause l'indépendance des banques centrales. La transparence et la communication seraient ici des éléments clés, plutôt que la réduction de l'indépendance des banques centrales, dont l'histoire nous a montré qu'elle était nécessaire.

5 Notre monde est-il de plus en plus inégal ?

L'observation des données montre que depuis la décennie 1980, les inégalités entre pays se sont considérablement réduites, notamment avec la croissance soutenue des pays à faible revenu. En revanche, les inégalités au sein des pays avancés n'ont cessé d'augmenter, sous l'effet du progrès technique, de la mondialisation et de la dérégulation financière notamment. Loin de se contredire, ces deux phénomènes fournissent une clé de compréhension remarquable aux débats économiques, politiques et sociaux actuels.

Le retour en grâce de la question des inégalités

La problématique des inégalités de revenu a rarement été aussi vive que durant cette dernière décennie. Sur le plan social tout d'abord, de nombreux pays ont vu émerger des mouvements de grande ampleur (*Occupy Wall Street* aux États-Unis, les Indignés en Espagne ou plus récemment le mouvement des « gilets jaunes » en France). Sur le plan académique ensuite, la question des inégalités est revenue sur le devant de la scène avec notamment le retentissant ouvrage de Thomas Piketty *Le Capital au XXIe siècle* publié en 2013 ou le prix Nobel d'économie attribué en 2015 à l'économiste américain Angus Deaton pour ses travaux sur la pauvreté et les inégalités. Sur le plan politique enfin, avec la montée en puissance, voire l'arrivée au pouvoir de partis ou candidats populistes dans certains grands pays industrialisés, dénonçant les dommages de la mondialisation qu'ils accusent d'avoir entraîné la paupérisation de la population et une hausse des écarts de revenus entre les plus riches et les plus pauvres.

Si ce regain d'intérêt vis-à-vis de la question des inégalités est particulièrement marqué depuis la crise financière de 2008, on observe toutefois que l'augmentation des inégalités dans les pays avancés a débuté bien avant cela, dès les années 1980.

L'histoire des inégalités fournit un éclairage saisissant sur les grandes évolutions macroéconomiques, à la fois aux niveaux mondial et national.

Les inégalités mondiales, une combinaison des inégalités entre pays et des inégalités au sein des pays

« Les inégalités mondiales, c'est-à-dire l'inégalité des revenus parmi les citoyens du monde, peuvent être formellement considérées comme la somme de toutes les inégalités nationales plus la somme de tous les écarts de revenu moyen entre les pays. La première composante traite des inégalités entre Américains riches et pauvres, Mexicains riches et pauvres, etc. La deuxième composante concerne les écarts de revenus entre les États-Unis et le Mexique, l'Espagne et le Maroc, et pour tous les pays du monde » (B. Milanovic, *Global Inequality. A New Approach for the Age of Globalization*, 2016).

Les inégalités mondiales peuvent donc être décomposées entre inégalités entre pays et inégalités au sein des pays. Cette distinction est essentielle pour comprendre l'évolution des inégalités mondiales, puisque ces deux types d'inégalités, si elles sont de même nature, reflètent des réalités économiques différentes, et surtout obéissent à des dynamiques spécifiques.

Le principal indicateur utilisé pour évaluer le niveau des inégalités dans un pays donné est le **coefficient** ou **indice de Gini** (voir figure 1 ci-dessous). D'autres indicateurs sont également utilisés comme l'écart de richesse entre le premier décile (les 10 % les plus riches) et le dernier décile, ou encore la part de la richesse nationale revenant au 1 % de la population la mieux lotie. L'indicateur le plus communément utilisé pour estimer les inégalités de revenu entre deux pays, ou écart de richesse, est le produit intérieur brut (PIB) par habitant.

Le **coefficient** ou **indice de Gini** fournit une mesure simple et synthétique de l'inégalité de répartition des revenus. Il est déduit de la courbe de Lorenz qui représente l'ensemble de la distribution du revenu par tranche de la population. Il varie entre 0 (équipartition) et 1 (inégalités maximum).

Figure 1 Courbe de Lorenz et coefficient de Gini

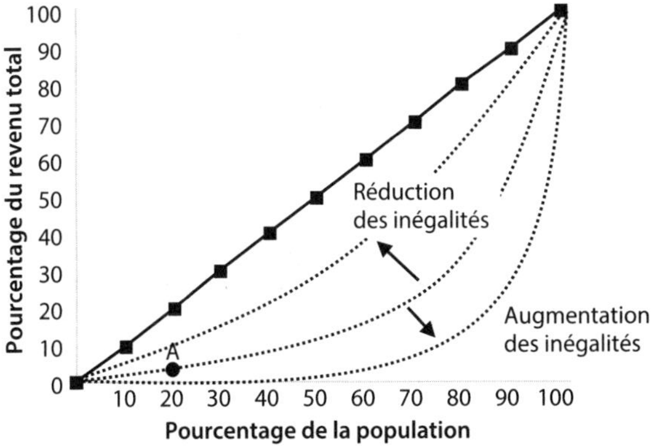

Le point A indique que les 20 % de la population les plus pauvres reçoivent 5 % du revenu total.

Richesse mondiale et inégalités entre pays : le grand rééquilibrage ?

On dispose aujourd'hui de données suffisantes pour observer l'évolution de la richesse mondiale entre pays sur une très longue durée. La période allant de la fin du XVIIIe siècle à la Seconde Guerre mondiale avait vu se creuser un écart considérable entre les pays européens et les États-Unis et le reste du monde. À la veille de 1950, la richesse se concentrait dans les pays industrialisés.

À partir des années 1990, et plus encore à partir de la décennie 2000, cet écart dans la répartition de la richesse mondiale a commencé à se réduire, sous l'effet conjoint du ralentissement de la croissance dans les économies avancées et de l'accélération de la croissance dans certains grands pays à faible revenu, notamment la Chine et l'Inde.

Vu au travers du prisme des inégalités, ce rattrapage économique a entraîné une réduction considérable des inégalités entre pays. Des centaines de millions de citoyens ont vu leur revenu augmenter et ont ainsi pu sortir de la pauvreté. Par exemple, tandis que le PIB par habitant en **parité de pouvoir d'achat** des États-Unis était 10 fois plus élevé que celui de l'Indonésie en 1980, cet écart était réduit à 5 en 2016.

La mesure des inégalités entre pays et l'utilisation des données en parité de pouvoir d'achat (PPA)

Afin de comparer le PIB ou le revenu par habitant entre deux pays, on utilise les données en parité de pouvoir d'achat, qui prend en compte les écarts de coût de la vie. Dans les pays à faible revenu, où le coût de la vie est plus faible, le PIB par habitant en PPA est plus élevé et les écarts avec les pays avancés sont donc moindres qu'il n'y paraît.

Inégalités au sein des pays : une augmentation continue depuis les années 1980

Depuis les années 1980, on observe dans les principaux pays avancés une augmentation des inégalités. Ce phénomène, bien que moins prononcé dans les pays disposant de systèmes publics de redistribution, notamment en Europe, s'observe de manière continue et se retrouve dans la majorité des pays avancés. En 40 ans, le coefficient de Gini est par exemple passé d'environ 0,35 à 0,41 aux États-Unis, et d'environ 0,28 à 0,32 dans les pays européens. Cette augmentation apparaît aujourd'hui comme un sévère démenti à l'une des théories de l'évolution des inégalités les plus célèbres : la courbe de Kuznets. En 1955, l'économiste Simon Kuznets formule en effet une théorie relativement simple, selon laquelle le niveau d'inégalités est faible au début du processus de développement, puis augmente pendant le processus d'industrialisation avant de redescendre quand le pays atteint un niveau élevé de revenu par habitant. Elle est toutefois aujourd'hui largement remise en cause, à la lumière de l'augmentation des inégalités dans les économies avancées depuis les années 1980.

On cite généralement trois causes de l'augmentation des inégalités : le progrès technique « biaisé », la mondialisation et la dérégulation de la finance. Le progrès technique est dit biaisé lorsqu'en augmentant la productivité des travailleurs qualifiés, il entraîne une augmentation de leur salaire et creuse ainsi l'écart avec les travailleurs non qualifiés. Par ailleurs, la mondialisation a mis en concurrence les salariés des pays avancés avec ceux, beaucoup moins chers, des pays émergents et en développement. Enfin, la dérégulation de la finance a contribué à augmenter les revenus dans l'industrie de la finance et la part du premier décile dans le revenu total.

Plus récemment, d'autres facteurs ont également été identifiés comme la concentration tendancielle de la richesse chez les détenteurs de capital (*cf.* Thomas Piketty), la désyndicalisation, entraînant une baisse du pouvoir de négociation des travailleurs, l'impact de la concurrence fiscale et le rôle des politiques sociales et de redistribution qui affectent la capacité de l'État à intervenir pour lutter contre les inégalités.

Gagnants et perdants de la mondialisation : la courbe en éléphant

Nous savons maintenant que les inégalités entre pays se sont fortement réduites depuis les années 1980 grâce à la croissance des pays à faible revenu, plus élevée que celle des pays avancés, mais les inégalités au sein des pays ont en revanche augmenté. La combinaison de ces deux phénomènes peut être représentée dans un graphique au nom exotique mais d'une remarquable portée (voir figure 2 p. 45) : la courbe en éléphant. Ce graphique, qui représente la croissance moyenne du revenu depuis 1980 par décile de la population mondiale, fournit un éclairage saisissant sur les conséquences des différentes dynamiques à l'œuvre depuis les années 1980 dans l'évolution des inégalités mondiales.

Le point A représente la portion de la population mondiale ayant bénéficié de l'augmentation de revenu la plus importante depuis 1980, d'environ 70 %. Cette population correspond en grande majorité à la classe moyenne des pays émergents. Le point B représente la portion de la population mondiale qui, au contraire, bien que plus riche que celle du point A, a vu son revenu stagner depuis 1980. Cette population correspond en majorité à la classe moyenne inférieure des pays avancés. Enfin, le point C représente la frange de la population mondiale la plus riche, les « super-riches » qui ont, eux aussi, vu leur revenu croître considérablement depuis 1980.

Figure 2 La courbe en éléphant

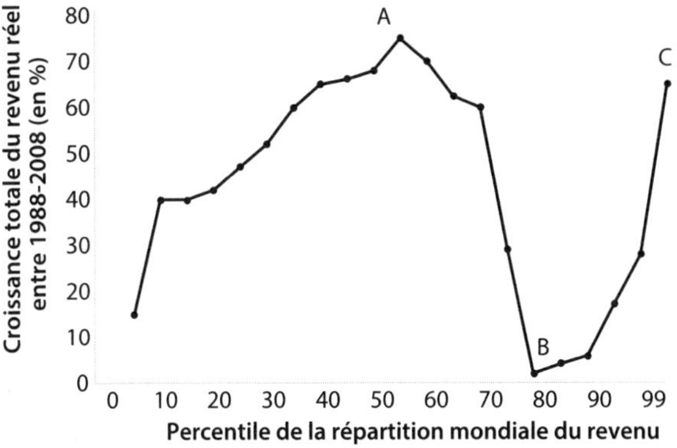

Source : B. Milanovic, *Global Inequality. A New Approach for the Age of Globalization*, Londres, The Belkway Press, 2016.

La courbe en éléphant traduit de la manière la plus claire ce que certains économistes appellent les « gagnants » et les « perdants » de la mondialisation. La classe moyenne inférieure des pays avancés est ainsi prise en étau entre la classe moyenne des pays émergents et une « élite mondialisée ». Elle permet par ailleurs de comprendre le retour en grâce de la question des inégalités, ainsi que son importance croissante dans le débat politique. Elle incite enfin à nous questionner sur l'évolution à attendre des inégalités mondiales et sur le rôle des politiques économiques, notamment les politiques commerciales mais aussi de redistribution de la richesse.

6 Brexit : avec qui échangera le Royaume-Uni ?

Le 23 juin 2016, le Royaume-Uni a voté en faveur de la sortie de l'Union européenne, avec près de 51,9 % de votes « pro-Brexit ». L'été 2019 s'est fini sans accord, présageant un « *hard*-Brexit », dû en partie à la question commerciale. Quitter l'Union européenne signifie quitter le marché intérieur commun, et suppose donc de renégocier un accord commercial avec l'Union européenne. Quels sont les différents scénarios possibles ? Quelles seront les conséquences du Brexit pour le Royaume-Uni et pour l'Union européenne ? Potentiellement privé de son principal partenaire commercial, vers qui le Royaume-Uni se tournera-t-il pour ses futurs échanges ?

La relation entre l'Union européenne et le Royaume-Uni

En 1973, le Royaume-Uni entre dans la Communauté économique européenne (CEE), tout en négociant une clause d'exemption de la monnaie unique, ainsi qu'une clause de non-participation à l'espace Schengen. Le principal avantage économique de ce qui deviendra l'Union européenne (UE) en 1992 réside dans son marché intérieur. L'UE est une union douanière, créant ainsi un marché unique entre tous les États membres, qui repose sur quatre principes fondamentaux : la libre circulation des biens et des services, des capitaux et des personnes, c'est-à-dire l'abandon total de barrières douanières et administratives entre les États membres. C'est le plus grand espace économique de libre-échange au monde, d'autant plus qu'actuellement, au-delà des 28 États membres, l'Islande, le Liechtenstein, la Norvège et la Suisse y participent par le biais d'accords multilatéraux ou bilatéraux.

Le Royaume-Uni a grandement profité de ce marché unique, et ses liens avec les États membres se sont renforcés : en 2018, 47 % des exportations britanniques étaient réalisées vers l'Union européenne et 51 % des importations provenaient d'États membres de l'UE. Une étude du CEPII estime que « le marché unique a, en moyenne, doublé le commerce de biens entre pays membres et permis d'atteindre un niveau de PIB réel de 4,4 % plus élevé. Un retour en arrière entraînerait une perte symétrique en termes de commerce ou de PIB » (Thierry Mayer, Vincent Vicard et Soledad Zignago, *La lettre du CEPII*, juin 2018).

Quitter l'Union européenne : quels scénarios ?

La sortie d'un pays membre de l'Union européenne est une situation inédite, ce qui explique la difficulté de la mise en place du Brexit. Pour y voir plus clair, on peut s'inspirer de la relation particulière qu'entretiennent certains pays avec l'UE. La future renégociation des accords commerciaux entre le Royaume-Uni et l'UE peut ainsi être résumée en trois scénarios possibles.

La solution la plus amicale, le « *soft*-Brexit », serait pour le Royaume-Uni d'obtenir un statut équivalent à celui de la Norvège, qui fait partie de l'Espace économique européen (EEE). Il s'agit d'un accord commercial entre l'UE et la Norvège qui garantit l'accès au marché unique, mais n'accorde aucun pouvoir à la Norvège concernant les réglementations européennes en vigueur. Cette solution permettrait au Royaume-Uni d'éviter une hausse des droits de douane, automatique en cas d'absence d'accord, et maintiendrait des relations cordiales entre les deux entités.

Une solution alternative, au sein de laquelle les liens entre le Royaume-Uni et l'UE seraient moins forts, repose sur la négociation d'un accord commercial, comme c'est actuellement le cas pour la Turquie. Cela permettrait aux produits britanniques d'échapper au tarif douanier commun européen selon les termes établis dans l'accord. En vigueur depuis 1995, l'union douanière entre l'UE et la Turquie a créé une zone de libre-échange entre les deux entités, excepté pour les produits agricoles, ainsi que les produits du charbon et de l'acier.

Enfin, la dernière solution serait celle du « *hard*-Brexit », cas dans lequel aucun accord commercial ne serait trouvé. En l'absence d'accord, les relations commerciales entre le Royaume-Uni et l'UE tomberaient sous la juridiction de l'Organisation mondiale du commerce (OMC). Cela signifie que le Royaume-Uni subirait le droit de douane de la « Nation la plus favorisée » (clause NPF).

Cette clause stipule que, en dehors des accords commerciaux, un pays doit imposer le même niveau de droit de douane à tous ces partenaires commerciaux. Cela correspond en pratique au droit de douane le plus élevé que l'UE applique à ses partenaires, puisque les barrières douanières négociées dans les accords commerciaux sont toujours plus faibles que celles de la clause NPF. La taxe imposée par l'UE aux produits britanniques atteindrait alors 3,15 % en moyenne.

Union européenne *vs* Royaume-Uni : qui a le plus à perdre ?

Plusieurs études ont été menées depuis le vote du Brexit pour tenter d'évaluer le coût économique d'une sortie du Royaume-Uni de l'Union européenne. Si les chiffres varient d'un rapport à l'autre, les conclusions sont à chaque fois identiques : et l'UE et le Royaume-Uni seront perdants à la suite de leur scission, mais il apparaît très clairement que le coût sera bien plus élevé pour le Royaume-Uni que pour l'UE. Il s'agit là d'une théorie classique en commerce international : les gains liés au libre-échange, et symétriquement les pertes liées au protectionnisme, seront toujours plus élevés pour un petit pays que pour un grand pays. Certains économistes estiment ainsi que le revenu par habitant britannique diminuera de 6,3 à 9,4 % en moyenne, selon les scénarios (Swathi Dhingra *et alii*, "The Costs and Benefits of Leaving the EU: Trade Effects", *Economic Policy*, 2017).

Le premier choc du Brexit se fera sentir sur le commerce : quel que soit le scénario retenu, il est fort probable que le Royaume-Uni perdra une partie de ses partenaires commerciaux, et ce, des deux côtés de la balance commerciale. Si aucun accord de libre-échange n'est signé, l'augmentation des droits de douane européens sur les produits britanniques diminuera les exportations, et les consommateurs britanniques de produits européens verront leurs prix augmenter.

Il faut également ajouter à cela le poids des barrières non-tarifaires. L'UE a permis d'harmoniser la réglementation entre les pays membres (règles phytosanitaires entre autres) appliquant des règles plus strictes aux pays non-membres, ce qui empêche parfois les échanges avec ces pays. Un exemple anecdotique mais non négligeable est celui de la réglementation concernant les palettes en bois utilisées pour transporter les marchandises. Une norme internationale oblige le traitement thermique des palettes, norme dont les pays membres de l'UE sont encore exemptés. Cependant, en tant que non-membre de l'UE, les échanges du Royaume-Uni avec l'UE devront respecter cette norme, un revirement auquel les industriels britanniques ne sont pas du tout préparés, ce qui pourrait donner lieu à d'importantes pénuries les premiers mois suivant le Brexit.

Par ailleurs, les firmes européennes et britanniques vont souffrir d'un manque d'investissements directs à l'étranger (IDE), du fait de nouvelles réglementations et restrictions. L'incertitude liée au Brexit a déjà fait baisser le nombre de nouveaux projets financés par les IDE de 14 % au cours de l'année 2018 selon une étude du *UK Department for International Trade*. Ce retard d'investissements limitera les dépenses de recherche et développement des firmes britanniques, entraînant ainsi à long terme un ralentissement de la productivité et de la croissance britanniques.

Quelles perspectives pour le Royaume-Uni, seul dans une économie mondialisée ?

Dans une économie mondialisée comme la nôtre aujourd'hui, ce qu'il se passe entre deux pays influence nécessairement le reste du monde. La division internationale du travail implique que toutes les pièces d'un bien soient produites par plusieurs pays : une augmentation des droits de douane britanniques sur les produits européens va donc diminuer le pouvoir d'achat des consommateurs, mais sera aussi dommageable aux entreprises britanniques qui incluent ces pièces dans leur chaîne de production avant d'exporter ensuite les fruits de cette production. Ces chaînes de valeur internationales lient les pays entre eux *via* le commerce, et rendent le protectionnisme d'autant plus coûteux au niveau individuel et global.

Surtout, une dernière question se pose : avec qui le Royaume-Uni échangera-t-il ? Il est évident que le Royaume-Uni devra signer de nouveaux accords commerciaux, afin d'assurer la bonne santé de son économie. Cependant, son pouvoir de négociation, une fois sorti de l'Union européenne, sera considérablement réduit. Il lui sera donc difficile de tirer un avantage conséquent des accords commerciaux qu'il pourra signer dans le futur. Les Britanniques peuvent bien entendu compter sur leur allié historique, et le président américain a assuré en 2017 qu'il serait possible de renforcer les relations commerciales transatlantiques.

Cependant, le climat actuel ne rend pas les États-Unis enclins aux concessions, ce qui limiterait les gains du Royaume-Uni si un accord était signé. Londres pourrait également se tourner vers les pays du Commonwealth, comme l'Australie, la Nouvelle-Zélande ou encore l'Inde, avec lesquels elle bénéficie d'une relation particulière, mais pas encore d'accords commerciaux. Certains pays émergents, dépendants du commerce, ont déjà sollicité le gouvernement britannique pour assurer des débouchés à leurs entreprises. Un accord de libre-échange a ainsi été signé entre la Corée du Sud et le Royaume-Uni au cours de l'été 2019, et la Malaisie a rendu officielle sa volonté d'entamer des négociations.

En quittant l'Union européenne, le Royaume-Uni s'est peut-être fermé la porte au plus grand bloc économique mondial, et à ses principaux partenaires commerciaux. Quelle que soit l'issue des négociations, il est fort probable que les Britanniques en souffriront plus que les Européens. Étant donné le climat commercial international actuel, il est important que le gouvernement britannique signe de nouveaux accords de libre-échange, pour ne pas rester isolé dans une économie mondialisée.

7 Faut-il avoir peur du commerce international ?

L'élection de Donald Trump à la présidence des États-Unis a conduit à un revirement de la politique commerciale du pays et plus globalement à la remise en question des bienfaits imputables à l'ouverture commerciale. Si dans un premier temps ce changement de philosophie économique se cantonnait principalement à une rhétorique plus agressive, elle a pris une tournure bien plus tangible à l'annonce de l'élévation du niveau des droits de douane. Dans ce contexte nouveau où les incertitudes dans les relations commerciales sont de plus en plus importantes, il convient de s'interroger sur l'état actuel des échanges mondiaux et de l'idée que nous en avons.

Quelles sont les approximations et les exagérations que nous nous faisons à propos du commerce international ?

La technologie a-t-elle vraiment aboli les frontières ?

Les échanges de biens et de services sont l'une des composantes permettant d'apprécier la vigueur de la croissance économique et de favoriser le développement dans le monde. Entre 2006 et 2016, la valeur des exportations mondiales de marchandises a augmenté d'environ 32 % et les exportations de services ont bondi de 64 %. En moyenne depuis 1980, le taux de croissance annuel du commerce mondial de marchandises (en volume) a été de 4,7 %, et, depuis la fin de la Seconde Guerre mondiale, la croissance des échanges mondiaux a été en moyenne 1,5 fois supérieure à celle du PIB mondial.

Ces données factuelles confortent l'idée selon laquelle les échanges mondiaux suivraient une tendance haussière inexorable. Pourtant, à y regarder de plus près, la réalité de la libéralisation des échanges est bien plus complexe et ne concerne pas tous les pays et toutes les régions de la même façon. En effet, plus de la moitié du commerce mondial est le fait des dix principaux exportateurs et importateurs de biens et de services et, par ailleurs, leurs principaux partenaires commerciaux sont leurs proches voisins.

Ainsi, près des trois quarts des exportations des pays membres de l'Union européenne (UE) sont à destination d'autres pays membres de l'UE. Pour l'ASEAN, l'accord commercial regroupant dix pays d'Asie du Sud-Est asiatique, et l'ALENA (remplacé en septembre 2018 par l'AEUMC, Accord États-Unis-Mexique-Canada) qui regroupe les pays d'Amérique du Nord, les exportations intra-zone représentent respectivement les deux tiers et la moitié du total des exportations de la zone.

La distance entre pays est ainsi un élément crucial pour comprendre les flux commerciaux. Le premier économiste à formaliser cette vérité empirique est Jan Tinbergen. Dans un article publié en 1962, il se hasarde à transposer la théorie physique de la gravité aux échanges commerciaux. Appliquée aux flux internationaux de commerce, cette théorie stipule que les flux bilatéraux d'exportations d'un pays A vers un pays B dépendent positivement du poids économique respectif des pays (à savoir, leur PIB) et négativement de la distance qui les sépare.

Autrement dit, plus un pays a un niveau de richesse équivalent à un autre, et plus ces deux pays sont proches géographiquement, plus ils vont commercer entre eux. Les modèles de gravité plus récents intègrent de nombreux autres paramètres : le partage d'une langue commune, d'une monnaie commune ou encore l'appartenance à l'Organisation mondiale du commerce (OMC).

Étonnamment, cette relation appelée « équation de gravité » se révèle être l'une des plus performantes en économie, et permet d'expliquer jusqu'à 80 % des échanges bilatéraux. Elle permet de comprendre pourquoi la baisse des coûts liés au transport et à l'accès à l'information permise par les NTIC (nouvelles technologies de l'information et de la communication) n'a que relativement peu modifié les flux commerciaux bilatéraux. Ainsi, l'Allemagne est le premier partenaire commercial de la France et à l'inverse, la France est l'un des principaux partenaires de l'Allemagne.

Par ailleurs, l'équation de gravité permet de relativiser l'impact accordé aux mesures protectionnistes récemment mises en place par le gouvernement américain. S'il ne faut bien sûr pas en minimiser les conséquences, il faut tout de même garder à l'esprit que ce revirement est avant tout un choix politique au service d'une doctrine, celle du patriotisme économique.

Le commerce international détruit-il les emplois ?

La libéralisation des échanges permet l'ouverture des marchés étrangers aux entreprises nationales. L'une des répercussions directes est la concurrence des firmes étrangères, et en particulier celle des pays disposant d'une main-d'œuvre abondante et bon marché. C'est ce qui explique la disparition de certaines industries dans les pays développés : celles dont la proportion de travailleurs est si importante qu'elle dissuade la production nationale, dans la mesure où le coût salarial est relativement plus élevé dans les pays développés. Prenons par exemple le cas du secteur du textile et de l'habillement. La production de ce secteur est particulièrement défavorable aux pays développés : en France, elle a baissé de 51 % entre 2000 et 2016, entraînant une hausse du chômage et de la précarité dans les régions qui en dépendaient fortement.

Cependant, si l'on voit que l'ouverture des marchés à la concurrence internationale pénalise certaines économies, le propos reste à nuancer. D'un point de vue économique, il existe bel et bien un effet de substitution à court et moyen terme entre la production nationale et étrangère. Des accords multilatéraux négociés dans le cadre de l'OMC compensent dans une certaine mesure ces pertes pour les pays développés. À cet égard, les accords multifibres ont constitué une garantie de sécurité relativement efficace, en fixant des quotas d'exportations des matières textiles jusqu'en 2005.

Ainsi, les conséquences néfastes de l'ouverture à la concurrence de ce marché ont été atténuées, tout en aidant dans le même temps à la mise en place de la spécialisation croissante des économies. En France, la libéralisation des échanges est à l'origine d'une spécialisation dans les secteurs de la construction aéronautique, de l'industrie pharmaceutique et du luxe. On peut parler d'une spécialisation au sein même du secteur du textile et de l'habillement, qui a su trouver de nouvelles parts de marché grâce au développement des textiles techniques et des vêtements de luxe. On a donc pu observer une transformation importante dans la structure de l'industrie suite à la libéralisation croissante des échanges, et ce à la faveur de secteurs de haute technologie, pour lesquels la demande de travail qualifié est plus importante.

Les destructions d'emplois et les pressions à la baisse sur les salaires liées à l'ouverture du marché sont donc réelles, bien qu'elles soient pour partie compensées par la création d'autres emplois qualifiés mieux rémunérés dans d'autres secteurs.

Vers une libéralisation totale des échanges ?

C'est à l'OMC que les règles du commerce mondial sont débattues au cours des cycles de négociations multilatérales qui se succèdent. Si l'objectif initial de réduction des droits de douane des biens manufacturés discuté dans le cadre multilatéral a été largement atteint, les avancées pour les autres types de biens et de services ne sont pas aussi élogieuses.

En effet, certains produits sont par nature plus sensibles que d'autres : c'est le cas des biens agricoles, de l'énergie et des services. Ces sujets font l'objet d'âpres négociations qui mettent en lumière les discordes entre pays développés et pays en développement, et limitent les échanges de ces produits. Sur l'agriculture par exemple, les principaux pays en développement agro-exportateurs critiquent les subventions à l'exportation des États-Unis et de l'Union européenne dans le cadre de la Politique agricole commune (PAC). Ces subventions, censées rendre plus compétitifs les produits agricoles occidentaux, sont vues comme une concurrence déloyale et considérées comme une importante source de distorsion du commerce. Outre ces limitations au commerce d'ordre réglementaire, certains biens et services ne sont pas échangés entre pays pour la simple et bonne raison qu'ils ne sont pas échangeables.

Il faut ainsi distinguer les secteurs exposés des secteurs abrités. Les secteurs exposés à la concurrence internationale correspondent aux biens et services dont la production et la consommation peuvent être disjointes d'un point de vue géographique. Par exemple, une voiture produite en Chine pourra être achetée et utilisée en France ; outre l'automobile, cette même logique prévaut pour les biens manufacturés, la métallurgie, l'agriculture ou encore l'énergie, mais aussi pour certains services, comme c'est le cas des employés des *call centers.* À l'inverse, les secteurs abrités regroupent les biens et services pour lesquels la production et la consommation ne peuvent pas être déconnectées et ne sont donc pas en concurrence avec les mêmes biens et services produits à l'étranger. On y retrouve les services à la personne ou les services publics. Il est assez facile de comprendre que notre coiffeur n'est pas concurrencé par un coiffeur localisé en Inde ou en Argentine ! Il ne sera donc pas directement impacté par l'ouverture du marché national au marché mondial.

Finalement, les destructions d'emplois et d'entreprises causées par la libéralisation des échanges sont essentiellement concentrées dans certains secteurs et certains territoires, qui s'en trouvent ainsi fortement affectés, ce qui explique l'important impact social de l'ouverture du marché national. Par ailleurs, si le secteur exposé représente une part plus faible en termes d'emplois par rapport au secteur abrité (on l'estime à environ 25 % de l'emploi total en France), il est aussi celui qui concentre les emplois les plus productifs et agit comme un catalyseur pour le reste de l'économie.

8 Comment les entreprises peuvent-elles analyser le risque politique ?

Alors que les crises financières engendraient crises économiques et politiques, le lien de causalité se serait-il aujourd'hui inversé ? Le coût de l'incertitude, les nouveaux risques sociétaux, l'arrivée de populistes au pouvoir et le conflit larvé sino-américain sont autant de raisons de croire que le risque politique doit être analysé et géré également par les entreprises. Quelle maquette analytique utiliser pour le suivi du risque politique dans les entreprises ? Quelles sont les tendances qui changent la nature du risque politique ?

L'incertitude politique : un défi pour l'entreprise

Lorsqu'on parle ici de risque politique (ou géopolitique, lorsqu'il dépasse les frontières), on entend les conditions, décisions et évènements politiques pouvant nuire au rendement d'un investissement ou à la rentabilité (et à la valeur des actifs) d'une entreprise. Il inclut aussi le risque juridique et réglementaire dû à l'incertitude des normes, la non-application des lois à la lettre, le caractère imprévisible de leur mise en œuvre, la partialité du système judiciaire. En outre, il revêt un aspect dynamique : la volatilité, c'est-à-dire le caractère fluctuant des pratiques commerciales et du droit commercial, la prédominance des méthodes informelles de règlement des litiges, l'importance relative de la corruption.

Pourquoi se soucier du risque politique en économie ? Ce dernier a pendant longtemps été, pour les économistes, une conséquence du risque économique et financier – un choc pétrolier, par exemple, ou bien une dévaluation de la monnaie. Celui-ci peut en effet conduire à des changements de régime, des mouvements sociaux ou des conflits civils. Les conséquences sur l'économie et la finance de l'incertitude engendrée par le risque politique sont connues.

On sait qu'il existe un lien empirique entre l'incertitude politique, mesurée par l'*Economic Policy Uncertainty Index* (EPU), développé par l'économiste Scott R. Baker en 2016, et des rendements plus faibles des marchés financiers. Une hausse de 1 % de l'incertitude politique entraîne une baisse des rendements du marché de 2,9 % et une volatilité accrue de 18 %.

On sait aussi que l'incertitude politique est à l'origine d'une prime de risque – à savoir le supplément de rendement exigé par un investisseur lorsqu'il accepte de prêter à un État dont le risque est jugé supérieur à la moyenne – d'autant plus grande que la conjoncture économique est défavorable. En d'autres termes, le risque politique en phase de décélération économique a des effets d'autant plus importants. Enfin, sur 109 crises politiques recensées de 1988 à 2007 dans 34 pays, la prime de risque augmente avec le risque politique. Les crises politiques renchérissent donc le coût de la dette.

Comment les entreprises analysent-elles le risque politique ? Comment s'adaptent-elles ? Le défi réside en la construction d'un indicateur pouvant suivre de près l'évolution du risque politique pour anticiper ses impacts.

L'EPU analyse la couverture des évènements politiques par les journaux mais ne permet pas de comprendre ou de catégoriser le risque politique et de proposer une réponse adéquate. Il indique un niveau d'alerte sans aider à la prise de décision. Pourtant, l'importance que les dirigeants d'entreprises donnent au risque politique a augmenté au cours des quinze dernières années. Ainsi, près de 50 % des entreprises évitent purement et simplement les investissements directs à l'étranger (IDE) en raison des risques politiques, plutôt que de les adapter au niveau de risque. Les flux d'IDE chutent d'ailleurs de manière significative au cours de la période précédant des élections et augmentent à nouveau une fois l'incertitude résolue.

Le risque politique peut affecter l'entreprise par différents canaux : sa croissance et sa rentabilité, ses chaînes d'approvisionnement, son financement et sa solvabilité, mais aussi l'emploi et la sécurité des collaborateurs. Nous proposons ainsi une maquette pour nuancer le niveau de risque et la réponse à adopter.

La maquette « 4P » pour mesurer le risque politique

La détection du risque politique pour atténuer ses effets sur l'environnement économique et financier de l'entreprise, et *in fine*, sur sa performance fait partie du travail des économistes et prospectivistes en entreprise. Nous en proposons ci-après une grille d'analyse que nous appelons « 4P » qui permet d'affiner la compréhension du risque politique, protéiforme. Cette grille se compose de quatre sous-dimensions :

1. le risque politique pur, c'est-à-dire le risque d'expropriation et de confiscation d'actifs. C'est celui, avec le risque de transfert et de convertibilité de la monnaie que l'on retrouve dans les contrats d'assurance de risque politique ;

2. le risque de processus politique : il s'agit de la mise en cause de l'État de droit, de l'ingérence, du processus démocratique, et de l'instabilité politique ;

3. le risque des erreurs de politiques publiques : politiques budgétaires et monétaires défaillantes, réformes défavorables aux entreprises ;

4. le risque des soulèvements populaires : les mouvements sociaux et conflits civils.

On peut ainsi construire un score de risque politique (du moins au plus risqué) en utilisant cette maquette. La notation utilise des méthodes mixtes d'analyse du sentiment (analyse textuelle notamment), et de jugement d'expert. Selon le niveau de criticité du risque, c'est-à-dire la combinaison de la probabilité d'occurrence et des enjeux (de la sévérité), l'entreprise peut chercher à atténuer ce risque politique en se couvrant (assurance de risque politique), en changeant son modèle (délocalisation, changement de devise pour les contrats), ou encore en décidant de mettre sa filiale en veille, voire de sortir du pays en question pour éviter davantage de pertes et dommages.

Maquette analytique du risque politique : les « 4P » et exemples

	Politique pur	**Processus politique**	**Erreurs de politiques publiques**	**Soulèvements populaires**
Type d'événement qui augmente le risque politique	– Confiscation d'actif, expropriation, nationalisation – Inconvertibilité de la devise, contrôles de capitaux – Sanctions et embargos – Guerre civile, coup d'État	– Sécession, concentration des pouvoirs – Élections remises en cause – Impasse politique ou institutionnelle – Extra-territorialité du droit	– Dérapage ou interventionnisme (favoritisme) budgétaire, décrédibilisation des institutions (banque centrale) – Instabilité légale, fiscale et réglementaire – Protectionnisme	– Manifestation de masse, émeutes, grèves, boycotts – Mouvements d'opinion publique, boycotts
Exemples récents	**Non-transfert/risque de convertibilité** Égypte (2016) Éthiopie (2017) **Terrorisme** Tunisie (2015, 2019) Égypte (2017) **Embargos/sanctions** Qatar (2017) **Expropriation** Thaïlande (2016)	**Extra-territorialité du droit** États-Unis (2014) **Changement réglementaire** Espagne (2012) **Sécession ou indépendance d'un État** Espagne (2017)	**Rupture/révision de contrat** Algérie (2016) France (2014) **Indépendance de la politique monétaire** Turquie, Argentine (2018)	**Conflit/guerre civile** Côte d'Ivoire (2010-2011) Yémen (2014) **Instabilité politique/violence** Turquie (2000-2001) Ukraine (2014) Printemps arabe (2011) Thaïlande (2013)

Cinq tendances qui changent la nature du risque politique

Les nouvelles formes de populismes

Au lendemain d'élections majeures, le risque, à moyen terme, est de voir un nationalisme exacerbé ralentir les progrès du libre-échange, de la régulation ou de la définition du champ d'intervention de l'État. Les conséquences sur les comportements des entreprises sont encore peu connues.

Le risque d'une absence de collaboration efficace en cas de choc économique

C'est dans un contexte de crise que les grandes puissances font preuve d'innovation et d'un effort conjoint, comme lors du sauvetage du système financier en 2008. Les tensions entre les États-Unis et le reste du monde prouvent que le vrai risque est l'absence de coordination des réponses économiques et politiques lors de la prochaine crise, aggravant ainsi ses effets.

La « géo-politisation » croissante des décisions des entreprises multinationales

Les décisions de payer ou non des impôts ou de relocaliser les chaînes de valeur revêtent une signification géopolitique accrue. De plus, les tensions entre blocs créent des conditions délétères pour les multinationales. Choisir entre la Chine et les États-Unis ? Travailler avec la Russie, malgré un risque d'escalade des sanctions ? Ces choix cornéliens deviennent le quotidien des entreprises.

Une guerre froide sino-américaine ?

Les entreprises doivent pallier les risques de la guerre commerciale sur leur marge en repensant leur chaîne d'approvisionnement. Les risques de sanctions ou de réglementation ciblée sur des secteurs stratégiques – tels que l'automobile, l'énergie ou l'agriculture – ainsi que le risque de confiscation et d'expropriation pourraient être une deuxième phase de montée du protectionnisme.

Les piratages des données seront de plus en plus fréquents

Les déploiements de la 5G appliqués à l'Internet des objets pourraient générer une nouvelle vague de cybercriminalité, de *ransomware* et de piratage d'infrastructures critiques. L'universalité du secteur digital en fait un suspect idéal d'une prochaine crise de confiance. Alors que l'économie numérique (22 % du PIB mondial) gagne en systémicité, la régulation est à la traîne.

Le risque politique a donc des effets de plus en plus remarquables sur l'économie, mais ces effets peuvent aujourd'hui être mieux anticipés. Il s'est hissé au sommet des préoccupations des entreprises et fait partie intégrante de leurs processus décisionnels. Mais le ralentissement économique mondial amorcé est un terreau fertile du risque politique, qui peut, à son tour, amplifier le ralentissement. Dans ce contexte, les entreprises doivent innover pour répondre au retour du risque politique traditionnel, et à ses nouvelles déclinaisons : perturbations du commerce mondial, cyberrisques, géopolitisation…

9 Faut-il fermer les frontières pour protéger notre industrie ?

Faut-il fermer les frontières, comme le croient certains responsables politiques, pour stopper les délocalisations industrielles, voire faire revenir les entreprises ? Peut-être, mais cette réponse reviendrait à se tromper sur ce qu'est l'industrie aujourd'hui. L'internationalisation des entreprises reflète autant leurs implantations en dehors de leur pays d'origine qu'une réorganisation des activités des entreprises le long des chaînes de valeur (l'ensemble des activités concourant à la fabrication d'un produit ou d'un service : conception, production des différentes pièces, assemblage… jusqu'à la livraison) qui sont souvent internationalisées.

Mondialisation des échanges et des entreprises

Si le PIB mondial a doublé depuis 1990, les échanges de produits manufacturés ont été multipliés par 4 en volume (quantité de biens échangés) et par 5 en valeur (prix des biens échangés hors inflation), ce qui reflète une valeur accrue des biens échangés. L'ouverture aux échanges, la montée en puissance des pays émergents et l'abaissement des coûts de transport ont incité les entreprises à changer leur organisation en délocalisant certaines productions, mais aussi en repensant la répartition de leurs activités sur une base régionale, voire mondiale.

Le poids des entreprises multinationales n'a pas cessé de croître. Avec 76 millions de salariés dans le monde en 2018, leur chiffre d'affaires représente plus du tiers du PIB mondial. Les ventes de leurs filiales à l'étranger ont dépassé le volume du commerce international à partir du milieu des années 1980. Ces entreprises réalisent aujourd'hui les deux tiers de leurs ventes en dehors de leur pays d'origine. Avec 7 300 milliards de dollars d'exportations, elles représentent près du tiers du commerce mondial.

Les délocalisations sont un phénomène souvent mis en avant pour expliquer la désindustrialisation. Elles touchent en effet fortement quelques secteurs, caractérisés par une forte intensité en main-d'œuvre et par une faible valeur ajoutée. Toutefois, les facteurs déterminants de l'internationalisation des entreprises sont principalement l'accès à des marchés de grande taille, des coûts salariaux et une fiscalité faibles, mais aussi la qualité des infrastructures locales et la spécialisation sectorielle du pays d'accueil des implantations.

L'accès à de nouveaux marchés et la réorganisation des activités industrielles à l'échelle internationale le long des chaînes de valeur sont donc les moteurs de la mondialisation.

Mondialisation, internationalisation, globalisation

Il existe différentes conceptions de la mondialisation, qui ne reflètent pas la même compréhension des moteurs et des conséquences des transformations des trois dernières décennies.

Pour les tenants de la mondialisation « internationale » (Philippe Moreau-Desfarges, Suzanne Berger), l'ouverture actuelle des économies s'inscrit dans un cycle de périodes d'expansion et de contraction des échanges. La mondialisation n'est qu'un approfondissement de l'internationalisation. Les pays restent séparés par des frontières qui permettent de maîtriser la souveraineté nationale. Les États-nations restent maîtres du jeu, notamment par le biais d'organisations qualifiées à juste titre d'internationales comme l'OMC.

Pour les tenants de la mondialisation « globale » (Kenichi Ohmae, Thomas Friedman), une rupture s'est produite, sans retour en arrière possible, vers un nouveau modèle économique mondial au profit d'une régulation par les seules forces du marché. La globalisation est conçue comme antinomique avec l'internationalisation, car elle signifie l'effacement simultané des frontières et des prérogatives de l'État. L'interdépendance se situe au niveau des producteurs et des consommateurs. Il n'y a donc pas d'autre choix que de s'adapter aux règles d'une concurrence accrue et subie.

Une organisation internationale de l'industrie

Jusqu'aux années 1980, l'essentiel d'un produit était réalisé dans un seul pays, voire dans une seule région. De plus, le modèle d'organisation industrielle était l'intégration verticale, c'est-à-dire la réalisation des différentes étapes d'un produit au sein d'une même entreprise. Or, l'efficacité de ce modèle a été remise en cause, conduisant à un processus de désintégration verticale.

La spécialisation des entreprises sur certains segments de la chaîne de valeur est devenue une source d'efficacité en accroissant les économies d'échelle et en améliorant l'utilisation des capacités de production par la multiplication des clients et, en retour, la possibilité d'utiliser les technologies les plus performantes. Une forte augmentation du coût des investissements a aussi favorisé une spécialisation. Ainsi, une usine de semi-conducteurs coûtait 1 milliard de dollars en 1980, 5 milliards en 2008 et 11 milliards en 2020.

Dans la recherche d'un bon positionnement sur les chaînes de valeur, les entreprises vont simultanément redéfinir leur périmètre par l'externalisation de certaines activités, chercher à localiser la production dans les pays aux coûts les plus faibles ou ayant des centres d'excellence dans certains domaines et rechercher les partenaires industriels les plus performants, que ce soit dans leur pays d'origine ou à l'international.

L'internationalisation des entreprises est avant tout le reflet d'une transformation industrielle en profondeur. Il n'est donc pas surprenant que les entreprises multinationales aient un rôle structurant dans l'économie mondiale. Si le tiers des échanges mondiaux correspond à du commerce captif (c'est-à-dire entre filiales d'un même groupe), les deux tiers des échanges sont structurés autour de chaînes de valeur internationalisées.

Une recomposition internationale de la production

Ces transformations ont été facilitées par une révolution industrielle : la modularisation. Jusqu'aux années 1980, chacune des pièces d'un produit s'ajustait spécifiquement à la suivante, car toutes ont été conçues pour prendre place à un endroit bien précis dans une « architecture industrielle intégrée » de la production (Takahiro Fujimoto).

Depuis les années 1980, l'industrie est passée à un « modèle en Lego » (Suzanne Berger) caractérisé par une interchangeabilité croissante des composants. La conception des produits autour de modules autonomes permet de fragmenter la production : l'intégration verticale n'est plus une nécessité (même si elle peut être un choix stratégique) et la co-localisation des étapes de la production n'est plus impérative.

L'approche modulaire s'est rapidement développée car elle favorise une faible dépendance par rapport aux fournisseurs (produits standardisés), une accélération de l'innovation (chaque entreprise investissant suffisamment dans ses métiers grâce à sa spécialisation) et l'introduction rapide de nouveaux composants (nouveaux fournisseurs). Elle a conduit les entreprises à ne conserver que les activités où elles excellent.

La modularité croissante de la production a permis « le grand défagotage » des activités industrielles (Richard Baldwin). Un premier défagotage de l'économie s'est produit grâce à la forte baisse des coûts de transport (1850-1913), qui a permis de séparer spatialement les producteurs et les consommateurs. Un second défagotage est à l'œuvre depuis les années 1970. Grâce à l'approche modulaire et aux technologies de communication, il n'est plus nécessaire de réaliser l'ensemble des étapes de production d'un bien ou d'un service au même endroit.

Le commerce international se caractérise aujourd'hui par un « commerce des tâches » révélé par un accroissement des échanges de produits intermédiaires entre pays. La pérennité et le développement de l'industrie reposent donc sur des enjeux de spécialisation des territoires et de compétitivité coût et hors coût combinés à une ouverture raisonnée des frontières.

Déficit commercial et valeur ajoutée, la preuve par l'iPhone

La guerre commerciale engagée par Donald Trump contre la Chine résulte d'une lecture biaisée des échanges. Si le déficit commercial des États-Unis avec la Chine atteignait 375 milliards de dollars en 2018, ce chiffre est trompeur sur la « responsabilité » chinoise. Seule une partie de la valeur des produits finis exportés par la Chine vient de ce pays. Du fait de l'internationalisation des chaînes de valeur, la spécialisation des entreprises conduit à des activités dispersées entre différents pays. Cela est particulièrement vrai pour l'électronique, qui constitue une part importante du déficit commercial américain avec la Chine (70 milliards de dollars).

Le cabinet IHS Markit a étudié le coût de production d'un iPhone 7 assemblé en Chine. Pour une valeur de 240 dollars à l'arrivée sur le sol américain, d'où vient la valeur ajoutée ? 69 dollars proviennent... des États-Unis, où sont conçus le téléphone et des composants clés. La majorité des composants sont fabriqués au Japon (68 dollars), à Taïwan (48 dollars) et en Corée du Sud (16 dollars). La main-d'œuvre servant à assembler le produit final constitue l'essentiel de la contribution chinoise. Seuls 8,50 dollars viennent de Chine, soit 3,6 % du coût total de production.

Fermer les frontières peut préserver l'industrie d'un pays à court terme mais les restrictions aux échanges vont la pénaliser à moyen et long terme. Si les barrières aux frontières peuvent permettre de recréer certains emplois, d'autres – bien plus nombreux – seront détruits en raison de coûts plus élevés de la production (composants importés plus coûteux et moindres économies d'échelle) et d'une perte de compétitivité des produits, puisque les entreprises ne pourront plus nécessairement utiliser les meilleurs composants en termes de coût et d'innovation.

10 Le changement climatique représente-t-il le plus grand défi économique et social du XXIe siècle ?

Il y a quelques années à peine, la question du changement climatique était l'apanage de scientifiques avisés souvent perçus comme alarmistes, voire même complotistes. Depuis la COP21 (*Conference of the Parties*), qui s'est tenue à Paris fin 2015, il semble que les consciences des décideurs politiques aient été éveillées. Les derniers rapports du Groupe d'experts intergouvernemental sur l'évolution du climat (GIEC) publiés en 2014 et 2019 ainsi que celui du Groupe de travail sur l'information financière relative au climat (*Task Force on Climate-related Financial Disclosures* ou TCFD) publié en 2017 ont également contribué à sensibiliser l'opinion publique.

L'Accord de Paris, approuvé par l'ensemble des 195 délégations présentes en décembre 2015 est entré en vigueur en novembre 2016. Cet accord, historique à bien des égards, prévoit notamment et principalement de contenir d'ici 2100 le réchauffement climatique « bien en dessous de 2 °C par rapport aux niveaux préindustriels » (c'est-à-dire depuis la fin du XIXe siècle). L'objectif est donc ambitieux : 1,5 °C d'augmentation maximum à l'horizon 2100. De plus, les émissions nettes de CO_2 devront être ramenées à zéro.

Comment relever un tel défi ? Quelles mesures, économiques, politiques, sociales et écologiques devraient être mises en place ?

Changement climatique : de quoi parle-t-on ?

Le changement climatique est un phénomène complexe. Du point de vue scientifique, il a trait au réchauffement climatique de nature anthropique (c'est-à-dire issu de l'activité humaine) et à la réduction des émissions de gaz à effet de serre (GES) pour en contenir ses effets.

Le changement climatique peut être abordé par ses différentes subdivisions : (1) le risque physique et (2) le risque de transition, thématiques désormais admises et consensuelles depuis la publication des travaux de la TCFD. Le risque physique est par nature un concept circonscrit car basé sur des sciences exactes. Il regroupe entre autres les catastrophes naturelles et analyse ses occurrences, la fonte du permafrost au pôle Sud et son impact sur la montée des eaux, la dégradation des sols et l'augmentation de la température moyenne mondiale, etc. Le risque de transition fait, quant à lui, appel à l'analyse des sciences humaines que sont les sciences économiques et sociales. Des sciences plus subjectives et plus complexes. Le risque de transition analyse ainsi les effets sur l'économie et la société des changements de l'environnement réglementaire et des politiques publiques résultant de la mise en œuvre de la transition bas carbone.

L'exemple récent de la tentative d'augmentation de la taxe carbone sur la combustion des énergies fossiles (aussi appelée contribution climat-énergie ou CCE) en France en 2018-2019 révèle les difficultés d'acceptation de mesures écologiques dites punitives. Le mouvement social des « gilets jaunes » qui s'en est ensuivi a fait reculer le gouvernement sur cette question.

Le terme « réchauffement climatique » a été utilisé pour la première fois dans un article scientifique d'un chercheur de l'Université de Columbia – Wallace S. Broecker en 1975 – et a été ensuite popularisé grâce au témoignage très médiatisé de James Hansen devant le Sénat américain en 1988. Alors que les scientifiques se concentrent de plus en plus sur les impacts du réchauffement de la température sur l'ensemble du système terrestre, le terme « changement climatique » s'est popularisé notamment après les travaux de la NASA en 2008. Ce dernier désigne l'ensemble des modifications climatiques liées au réchauffement climatique comme l'augmentation de l'occurrence et de l'intensité des catastrophes naturelles.

À partir de la COP21, les Contributions déterminées à l'échelle nationale (*National Determined Contributions* ou NDC) mesurent les efforts à fournir par chaque pays en termes de réduction d'émissions de GES afin d'atteindre la cible établie lors de l'Accord de Paris d'un réchauffement climatique inférieur à 2 °C d'ici la fin du siècle. Selon l'Organisation météorologique mondiale (OMM), la température moyenne à la surface du globe a fait de 2018 la quatrième année la plus chaude depuis le début des mesures, après 2016, 2015 et 2017, soit ces quatre dernières années. 2019 ne devrait pas déroger à cette tendance…

Le plus grand défi économique contemporain…

Un défi économique, quel qu'il soit, implique des mutations structurelles et financières profondes. Ces mutations pourront prendre plusieurs formes, mais elles devront poursuivre un objectif déjà défini à l'échelle planétaire : la lutte contre le changement climatique. Le constat est déjà bien réel. En effet, selon un rapport établi par le Bureau des Nations unies pour la réduction des risques de catastrophes (UNISDR), organe de l'Organisation des Nations unies (ONU), les pays ont reporté des coûts de catastrophes naturelles directes à hauteur de 2 908 milliards de dollars entre 1998 et 2017 contre 895 milliards sur les vingt précédentes années. Soit 251 % d'augmentation des pertes signalées à la suite d'événements climatiques extrêmes.

Toujours selon ce même rapport, sur les 7 200 catastrophes naturelles survenues dans le monde ces 20 dernières années, 91 % sont liées directement à des perturbations climatiques pour 77 % du montant global des pertes estimées. Le rapport nous apprend aussi que les États-Unis seraient le pays le plus impacté financièrement, avec 945 milliards de dollars, suivi par la Chine, le Japon et l'Inde. Quant à la France, elle est classée en 10e position par l'organe de l'ONU avec plus de 48 milliards de dollars de pertes sur les 20 dernières années (soit environ 0,1 % du PIB par an).

Le constat est donc posé. Les défis à venir seront d'autant plus importants que le risque climatique sera omniprésent. Les pays, au travers de leurs économies, devront être ingénieux afin de trouver des mécanismes capables de promouvoir la lutte contre le changement climatique. Des innovations de rupture sont à prévoir et le recours à une énergie renouvelable à grande échelle est indispensable pour mener à bien la transition vers une économie décarbonée. Le secteur de l'énergie devrait donc connaître de profonds bouleversements dans les prochaines années.

Globalement, tous les secteurs seront impactés et des mutations des modes de production, de transport et de consommation sont à prévoir à l'échelle globale. Par exemple, il paraît insensé de consommer des fraises en hiver (même issues de l'agriculture biologique – dont les standards varient fortement d'un pays à l'autre), cultivées sous serre à l'autre bout du monde, emballées avec du plastique et transportées par avion-cargo. Et pour cause, le bilan carbone d'une telle opération est très élevé. Il est donc nécessaire de manger des fruits et des légumes de saison, produits localement afin de minimiser cette même empreinte carbone.

… mais aussi un défi social et solidaire !

Au-delà des aspects économique et politique, des enjeux sociaux, sociétaux et solidaires représentent un défi supplémentaire sur la longue route de la transition vers un monde décarboné. Les impacts du changement climatique sur nos sociétés sont déjà à l'œuvre, et le constat est unanime : il impacte plus fortement les sociétés les moins développées, et donc les populations les plus vulnérables. Il a aussi pour conséquences d'accroître les inégalités inter- et intra-pays : ceux qui contribuent le plus au changement climatique ne sont pas ceux qui en subissent le plus les effets et l'effort marginal des populations les plus riches pour lutter contre le changement climatique est beaucoup plus faible que celui des populations les plus pauvres.

Les écosystèmes sont eux aussi mis à mal par le changement climatique. Certaines surfaces agricoles sont désormais réduites à néant, notamment à cause de la multiplication des catastrophes naturelles (inondations, sécheresse, etc.). En Afrique subsaharienne par exemple, l'irrégularité des saisons, l'excès de chaleur, la modification des régimes de précipitations diminuent les rendements, augmentent la probabilité de mauvaises récoltes et le nombre de parasites et de maladies des cultures et du bétail.

D'un point de vue plus prospectif, selon l'organisation non gouvernementale *Christian Aid*, de 2000 à 2050, au moins 1 milliard de personnes devraient migrer à travers le monde, dont plus de la moitié pour s'adapter aux conséquences du changement climatique. On parle ici de réfugiés climatiques : 645 millions de personnes migreraient pour des raisons énergétiques, 50 millions à cause de conflits et atteintes aux droits de l'Homme (pouvant être exacerbés par la déforestation, le manque d'eau et la perte continue de terres arables) et 250 millions à cause de phénomènes directement induits par le changement climatique (inondations, sécheresses, pénuries d'eau et d'aliments, maladies émergentes, etc.).

Par le passé, la majorité des flux migratoires massifs ont été accompagnés de conflits plus ou moins longs et meurtriers. Même si ces flux se feront par vagues successives, il y a fort à parier que les capacités d'absorption et d'intégration des réfugiés climatiques au sein des pays de l'hémisphère nord seront trop faibles. Des conflits liés au changement climatique sont donc à prévoir et la solidarité de l'Humanité pourra alors être mise à l'épreuve.

Le changement climatique est aujourd'hui considéré comme l'un des risques de long terme le plus important de ce siècle tant il suscite à la fois le fatalisme, la controverse et l'espoir. Les objectifs affichés sont à des horizons différents perçus parfois comme lointains : 2030 au plus tôt pour les Objectifs de développement durable (ODD), 2050 pour les premiers paliers d'émissions de GES, voire 2100 pour l'Accord de Paris sur le climat.

La transition vers un monde décarboné sera longue et complexe. Cependant, des mécanismes globaux d'ordre économique, financier et politique devront être pensés afin de faciliter cette transition par des mesures d'incitation à la réduction (drastique) des émissions de GES. La relance qui suivra la prochaine récession devra alors être massive et fléchée vers des investissements en faveur de la réduction des émissions de GES.

Les actions des politiques publiques, économiques et monétaires devront être simultanées à l'échelle mondiale pour être plus efficaces. Ces actions devront être complétées par des mécanismes écologiques, sociaux et politiques au sens large poursuivant le même objectif. L'exemple tangible des politiques de Responsabilité sociétale des entreprises (RSE) démontre la nécessité de mener des actions pour, entre autres, mieux gérer les ressources énergétiques, pérenniser l'environnement et la biodiversité, mais aussi mieux accompagner les salariés dans leur développement professionnel. C'est ici qu'intervient la gestion du risque ESG.

11 La transition énergétique dans un monde à + 2 °C : quels enjeux ?

« Agissons avec la féroce urgence du moment.
Il est de notre responsabilité d'assurer une planète vivable,
pour nous et toutes les générations futures. »
(Jim Yong Kim, président de la Banque mondiale,
au Sommet Climat de l'ONU en 2016)

Changements climatiques, désertification, dégradation des terres et insécurité alimentaire. L'urgence climatique nécessite un engagement hors-norme de l'ensemble des acteurs à l'échelle mondiale. Dans un 5e rapport alarmant publié en 2014, basé sur 6 000 études scientifiques, le Groupe d'experts intergouvernemental sur l'évaluation du climat (GIEC) met en garde contre les impacts d'un réchauffement de la planète de 1,5 °C et dresse la liste des actions à mettre en œuvre pour se maintenir en deçà de ce seuil (+ 1 °C étant acquis du fait des gaz à effet de serre – GES – déjà émis).

Un impératif pour y parvenir : la neutralité carbone à l'horizon 2050. Véritable mantra des politiques climatiques, cette notion concentre toutes les interrogations et se trouve aujourd'hui, en France, au cœur de la Stratégie nationale bas carbone et de la Programmation pluriannuelle de l'énergie. Définie comme un point d'équilibre entre la quantité d'émissions et les absorptions de GES à un instant donné, cet objectif de compensation ambitieux remplace celui, précédemment fixé, de la division par 4 de nos émissions de CO_2 d'ici 2050.

Après avoir longtemps privilégié une croissance économique rapide, axée sur l'industrie lourde et alimentée par les énergies fossiles et le nucléaire, la France s'est ainsi engagée à réduire ses émissions de 40 % par rapport à l'ère préindustrielle (1850) d'ici 2030. En outre, construire une Europe écologique nécessite des investissements de la part de l'ensemble des États membres qui dépassent les capacités de budget public, bien plus que les 100 milliards de dollars annuels à destination des pays en développement prévus par l'Accord de Paris, signé lors de la COP21 en décembre 2015. Ce dernier fixe la limite de la hausse de température à moins de 2 °C d'ici 2100 et enjoint les États à poursuivre leurs efforts pour atteindre un maximum de 1,5 °C.

Que signifie le concept de transition énergétique, en ligne avec les objectifs de l'Accord de Paris ? Quels sont les leviers de financements à activer afin d'assurer son efficacité ?

La transition énergétique : retrait des énergies fossiles et objectif de neutralité carbone

Ces objectifs seront atteignables grâce à la transition énergétique, définie à partir de l'évolution du poids respectif des sources d'énergie primaires (le « mix énergétique ») utilisées dans le système, tel que l'expliquent les économistes Christian de Perthuis et Boris Solier dans un article intitulé « La transition énergétique face au tempo de l'horloge climatique »

(2018). Le système énergétique mondial (qui désigne les interrelations entre les sources primaires d'énergie, leurs transformations, stockage et distribution et leurs usages finaux) a en effet évolué depuis l'ère préindustrielle de la biomasse traditionnelle vers la domination des énergies fossiles (charbon, pétrole, gaz fossile).

Or, l'idée selon laquelle les sources d'énergie se substituent les unes aux autres est trompeuse : le système énergétique mondial se caractérise aujourd'hui par un empilement de sources primaires (biomasse + charbon + pétrole + gaz fossile, qui constituent 80 % des sources d'énergie). La quantité d'énergie disponible par habitant a connu une croissance sans précédent, en parallèle d'une augmentation des gains de productivité dans la transformation des sources d'énergie, qui s'est traduite par une baisse des prix relatifs et une croissance des usages. Les émissions de GES ont ainsi crû substantiellement depuis le milieu du XIXe siècle : aujourd'hui, la moyenne mondiale est de 4 tonnes de CO_2 par habitant.

Compte tenu de l'accumulation de carbone dans l'atmosphère, l'objectif de la transition est multiple : baisser le stock de CO_2 en réduisant les émissions de GES et en augmentant la capacité de séquestration des puits de carbone ; mais également enclencher un mécanisme de « désempilement » des sources primaires d'énergie en augmentant la part des énergies renouvelables dans le mix énergétique et en les substituant à des sources fossiles. Les gains d'efficacité énergétique ne devront également plus contribuer à augmenter l'énergie consommée par habitant, grâce à la mise en place de mécanismes d'équité et de redistribution énergétique entre pays développés et en développement. Enfin, l'objectif de neutralité carbone oblige à agir sur le caractère encore largement fossile du système énergétique et sur le « carbone vivant » (issu de l'agriculture, de la déforestation et de l'érosion des sols).

Limiter, voire baisser drastiquement, nos émissions : il y a urgence et des solutions !

Pour atteindre ces objectifs, les pouvoirs publics utilisent différents instruments de politiques environnementales, non exclusifs les uns des autres, pour pallier la présence d'externalités négatives comme la pollution.

L'outil politique le plus largement utilisé dans ce cadre est la norme. En fixant une norme d'émissions de CO_2 (soit une quantité maximale de rejets par unité de production), les pouvoirs publics peuvent ainsi limiter l'action des agents économiques en leur donnant peu de flexibilité. À l'instar de la limitation, dans l'Union européenne, à 95 grammes de CO_2 par kilomètre des rejets de polluants atmosphériques dans l'industrie automobile d'ici 2021. La norme peut être assortie de pénalités dissuadant toute infraction. Second outil à disposition des États : inciter à la réduction des émissions de GES en amont, par la mise en œuvre d'une fiscalité verte ou d'un droit à polluer.

Ces deux instruments sont la traduction du principe « **pollueur-payeur** » :

– la fiscalité verte désigne un ensemble d'impôts dont l'assiette repose sur une nuisance environnementale. L'impact d'une taxe dite « pigouvienne » (du nom de l'économiste Arthur Cecil Pigou) dépend ainsi des réactions des acteurs à cette incitation. Le produit de ces taxes peut être affecté au financement d'actions visant à réduire la pollution (par exemple, en France, les taxes sur l'assainissement de l'eau ou des ordures ménagères) ;

– les pouvoirs publics peuvent également mettre en place un système de marchés de permis d'émission, qui consiste à plafonner *ex ante* la quantité totale d'émissions de GES, puis à laisser s'échanger les quotas ainsi définis. Les acteurs parvenant à réduire leurs émissions en dessous de leurs plafonds peuvent ainsi vendre leurs permis excédentaires aux acteurs écologiquement moins performants. L'ajustement s'opère par le prix de ces permis. L'efficacité de ce système réside donc dans la quantité totale de droits à polluer alloués au départ, et non la répartition de ces droits. L'échange de droits d'émission a été introduit dans le Protocole de Kyoto, acté en 1997, et l'Union européenne a lancé le système européen d'échange de quotas d'émissions (SEQE) en 2005.

Principe du « pollueur-payeur »

Principe juridique et économique régi par le Code de l'environnement, et développé par l'économiste Arthur C. Pigou (1920), il désigne « les frais résultants des mesures de prévention, de réduction de la pollution et de lutte contre celle-ci sont supportés par le pollueur ». En pratique, le pollueur est défini comme toute personne portant atteinte à l'environnement en le polluant, directement ou indirectement, ou créant des conditions aboutissant à sa dégradation (c'est l'externalité négative). C'est l'un des principes essentiels des politiques environnementales dans les pays développés.

Les économies de marché sans réglementation environnementale tendent à générer plus de pollution que ce qui est socialement souhaitable : les prix du marché ne reflètent pas le coût social total de la production de biens et de services provoquant des externalités négatives. Les pollueurs seraient donc tenus de payer la différence entre le coût social, supporté par la collectivité, et leur coût privé, ce qui conduirait à l'optimum de pollution.

La difficulté à observer et évaluer correctement l'externalité négative, et l'absence de régulation du nombre de pollueurs constituent une entrave sérieuse à l'efficacité du principe pollueur-payeur. De même, ce dernier équivaut à reconnaître un droit à polluer à celui qui paie et légitime ainsi tout comportement écologiquement discutable.

D'autres outils consistent à orienter les investissements en recherche et développement vers les technologies bas carbone ainsi qu'à favoriser la redirection des capitaux privés vers la transition énergétique (le concept de « finance durable »).

Préserver les puits de carbone naturels

Les émissions de GES dans certains domaines comme l'industrie lourde ou l'agriculture sont malgré tout inévitables, tout comme notre recours aux puits de carbone naturels (océans, forêts, prairies et mangroves), qui absorberaient 50 % du CO_2 émis chaque année dans le monde. L'enjeu serait donc de veiller à gérer correctement et, surtout, à ne pas dégrader la capacité actuelle de stockage, alors que les puits de carbone naturels sont eux-mêmes touchés par le réchauffement climatique et l'activité humaine. Quant aux procédés industriels, comme le stockage du carbone dans des failles géologiques, ils n'en sont qu'à la phase de recherche et développement et posent encore des questions techniques quant aux risques associés à leur mise en œuvre.

Depuis l'adoption de l'Accord de Paris, les engagements des États à réduire leurs émissions s'accélèrent. En dépit d'un développement rapide de l'économie verte, modifier la structure même de notre modèle économique prend du temps. Parvenir à la neutralité carbone sans recourir à des mécanismes de compensation constitue un véritable défi et cette transition ne pourra pas se faire sans compter sur les techniques de stockage de CO_2. La réussite de la transition énergétique ne serait ainsi pas qu'une question de responsabilité individuelle et de sobriété des États, mais bien d'efficacité de nos politiques publiques à transformer la dépendance de nos économies aux énergies fossiles.

12 L'État peut-il lutter efficacement contre le réchauffement climatique ?

Malgré certaines réticences toujours fortes, la lutte contre le réchauffement climatique s'est imposée comme un des enjeux majeurs des prochaines décennies. De sommets internationaux en initiatives locales, cet objectif est désormais inscrit en haut de l'affiche de l'ensemble, ou presque, des initiatives publiques et privées.

Pourtant, il y a encore loin de la coupe aux lèvres et de nombreux rapports et études soulignent que les efforts actuels ne sont pas à la hauteur des ambitions affichées, et que les actions concrètes ne sont parfois que le pâle reflet de communications fracassantes. À titre d'exemple, le premier rapport annuel du Haut Conseil pour le Climat, publié en 2019, soulignait que « le rythme de [la] transformation [de l'économie et de la société vers une neutralité carbone] est actuellement insuffisant, car les politiques de transition, d'efficacité et de sobriété énergétiques ne sont pas au cœur de l'action publique ». Ce qui est vrai de la politique publique l'est également de l'initiative privée. Ce constat n'est d'ailleurs pas récent.

Ainsi, la Cour des comptes relevait dans un rapport de 2016 que l'efficience des dépenses fiscales (pertes de recettes fiscales directes résultant de dérogations fiscales, de réductions fiscales ou de crédits d'impôts) relatives au développement durable était très mesurée et manquait de cohérence.

Mais avant même de s'interroger sur l'efficacité ou l'adéquation des dispositifs déployés, d'autres questions se posent. La puissance publique est-elle un acteur légitime de la lutte contre le réchauffement climatique ? Pour quelles raisons doit-elle inscrire son action dans le cadre de cet objectif ambitieux ? C'est uniquement une fois ces questions résolues qu'il conviendra de juger de la pertinence des mesures mises en place.

La puissance publique, un acteur essentiel de la lutte contre le réchauffement climatique

L'atténuation des changements climatiques nécessitera une transition de grande ampleur vers une économie à faible intensité carbone. De fait, selon le consensus scientifique actuel, la limitation du réchauffement climatique à une température inférieure à + 2 °C ne pourra se faire que dans le cadre d'une « transformation massive de la structure de l'activité économique mondiale » (selon les mots du FMI dans un article publié en 2019).

Or, à elle seule, l'initiative privée ne peut pas fournir de mesures d'atténuation suffisantes. Face à des externalités négatives importantes, l'action privée ne peut pas à elle seule prendre en compte l'ensemble des contraintes. Par exemple, si collectivement la société a intérêt à limiter les émissions de carbone, chaque entreprise peut, d'un point de vue individuel, souhaiter poursuivre selon son mode de production actuel afin d'éviter de supporter des coûts additionnels et de maintenir ses profits. Du côté du consommateur, le dilemme est le même entre un souhait d'évolution globale de la société vers une consommation moins riche en carbone et le désir de satisfaire des envies individuelles qui contribuent au réchauffement climatique (consommation de produits importés, voyages, etc.), parfois en raison d'un prix moins élevé (par exemple sur le textile, en raison de coûts de production plus faibles dans des pays éloignés).

Face à ce constat, l'action publique devient légitime et même nécessaire, afin de corriger ces défaillances de marché, par exemple par une politique budgétaire et d'investissements publics qui viendra soutenir la transition écologique. En outre, et même si les investissements publics étaient suffisants et que les prix sur le marché de l'énergie reflétaient correctement un prix du carbone adéquat, certaines défaillances du marché peuvent empêcher la mise en œuvre des investissements privés nécessaires sur le long terme, justifiant alors le recours à des politiques financières en complément des politiques budgétaires.

Quels outils de politiques publiques dans la lutte contre le réchauffement climatique ?

Si la puissance publique a donc un rôle central à jouer dans la lutte contre le réchauffement climatique et la transition vers une économie bas carbone, elle dispose de multiples leviers pour mener à bien son action.

En effet, de nombreux instruments, notamment macroéconomiques ou ressortant de politiques financières, peuvent être mobilisés dans le cadre des mesures d'atténuation permettant de faire face au réchauffement climatique. Ces instruments peuvent faire l'objet d'un développement tant au niveau international, par l'intermédiaire d'accords entre les États notamment, qu'au niveau national. Nous nous concentrerons ici sur ces derniers, dont la mobilisation est plus aisée au regard de la difficulté à obtenir des accords internationaux contraignants.

Au niveau national, les décisions de politique publique peuvent donc s'appuyer sur différents outils, qui sont principalement les suivants :

– les politiques budgétaires visent notamment (1) à donner un juste prix au carbone et à son émission, que ce soit par des mécanismes explicites (fiscalité à l'émission, subventions, etc.) ou implicites (normes et réglementations par exemple), (2) à renforcer les investissements publics en faveur de la décarbonation et (3) à émettre des garanties publiques pouvant favoriser le changement vers une économie moins carbonée ;

– les politiques financières peuvent également soutenir la transformation de la structure productive de l'économie, en modifiant la structure sous-jacente des actifs financiers. De façon schématique, ces politiques peuvent être divisées en deux. Les premières visent à corriger l'absence de prise en compte des risques climatiques au sein des institutions financières (absence de prise en compte dans les risques de long terme par exemple, ou dans le calcul des capitaux propres nécessaires pour assurer la viabilité de ces institutions). Les secondes visent à internaliser les risques climatiques, afin d'assurer un meilleur équilibre pour l'ensemble de la société. Il s'agit donc, pour simplifier, de développer ce qui est appelé la « finance verte ». Dans l'ensemble, ces politiques financières cherchent en particulier à influer sur l'évolution de la demande relative (et donc les prix relatifs) des investissements verts par rapport aux investissements provoquant de fortes émissions de carbone, afin de limiter la demande pour ces derniers. Leur mobilisation dépendra alors de la structure de l'économie (forte épargne de long terme ou non, risque de fuites des capitaux, capacité à orienter les investissements, etc.) ;

– enfin, les politiques monétaires peuvent avoir un rôle à jouer dans la lutte contre le réchauffement climatique, même si le consensus est à ce stade moins fort. Certaines options sont inscrites dans les mandats de la plupart des banques centrales : par exemple en reflétant les risques climatiques dans la valorisation des actifs que les banques centrales peuvent accepter à leur bilan, par exemple en garantie d'une opération ou lors d'une opération dans le cadre d'un programme d'achat d'actifs ; d'autres sont plus controversées : modification des mandats des banques centrales, modification des politiques de crédit pour favoriser certains investissements, programme d'achat d'actifs « vert », etc.

L'action publique est-elle véritablement efficace ?

Les récents rapports cherchant à mesurer l'efficacité de l'action publique, tant en France qu'au niveau international, ont souligné la faiblesse de nombreuses initiatives actuelles.

Au cas particulier de la France, il apparaît que la transition vers une économie bas carbone n'est pas encore au centre de la plupart des politiques publiques selon le Haut Conseil pour le Climat. Cela tient à de nombreux aspects liés à la mobilisation des instruments adéquats, au développement de mécanismes d'évaluation *a priori* et *a posteriori* mais également à l'articulation de la stratégie bas carbone avec les autres objectifs de politique publique.

À titre d'exemple, et alors que les contraintes budgétaires demeurent prégnantes, la France a fait le choix de mêler lutte contre le réchauffement climatique et réduction de la part du nucléaire dans le mix électrique. Cette décision entraîne des dépenses publiques conséquentes (à titre d'illustration, la Cour des Comptes estimait que les engagements pris par l'État jusqu'à fin 2017 représenteront à terme plus de 120 milliards d'euros, en euros courants, entre 2018 et l'échéance des différents contrats) alors que la production d'électricité en France est déjà largement décarbonée. Il n'est bien sûr pas question ici de questionner la légitimité des différents objectifs recherchés par les différentes politiques publiques, mais il convient néanmoins de s'assurer que les objectifs prioritaires sont bien en adéquation avec les ambitions affichées. Ces observations sont également vraies dans les secteurs à fortes émissions (alimentation, transport, logement).

Les outils de politiques publiques peuvent donc être largement mobilisés, mais de manière souvent limitée voire inefficiente.

Face à une transition désormais perçue comme urgente, une approche microéconomique est également nécessaire, redonnant toute sa place à l'action individuelle. En économie, la rationalité des individus est souvent caractérisée comme limitée, c'est-à-dire ne prenant pas bien en compte l'ensemble des contraintes, notamment sur le long terme.

Toutefois, la prégnance toujours croissante des effets du réchauffement climatique tend à rendre ces risques plus matériels et plus proches. La recherche du bien-être devrait donc participer à l'accroissement de la pression individuelle dans la lutte contre le réchauffement climatique, tant vis-à-vis de soi-même que vis-à-vis du reste de la société, entreprises comme puissance publique.

13 La réglementation bancaire favorise-t-elle le financement des entreprises et la transition écologique ?

On entend beaucoup parler dans l'actualité de la politique monétaire menée par les banques centrales (BCE en Europe, ou Fed aux États-Unis notamment) qui se résume souvent à leurs actions sur les taux d'intérêt. Ces derniers, historiquement bas, placent les institutions financières dans une situation délicate. Certes, cette politique favorise l'accès aux crédits des particuliers ou des entreprises, mais elle pèse aussi négativement sur leurs marges (en effet, le taux d'intérêt est le prix du bien que les banques proposent, l'argent ; moins celui-ci est cher, moins grandes sont leurs marges).

Ce qui est moins connu, mais tout aussi impactant pour le financement de l'économie, c'est le mandat qu'ont les banques centrales et les autorités financières pour assurer la stabilité de l'écosystème financier, et notamment ses marges de manœuvre pour la garantir. Loin de considérations purement techniques, leurs décisions sont tout aussi politiques et traduisent la stratégie des grandes économies du globe. Dès lors, comment garantir un financement efficace de l'écosystème d'entreprises productives et favoriser les financements de la transition écologique tout en garantissant la viabilité du système financier ?

Pourquoi faut-il garantir la stabilité financière ?

L'industrie financière est la seule pour laquelle nous prônons tous la stabilité. Pourquoi ? C'est parce que cette industrie repose en réalité sur la prise de risques (et des moyens mis en œuvre pour s'en prémunir). Un risque est un changement, à la hausse ou à la baisse, d'un indicateur. Aussi lutter pour garantir la stabilité financière permet de veiller à ce que les institutions financières jouent un rôle efficace et lucratif en assurant le financement de l'économie, tout en garantissant que ces dernières géreront de manière optimale leurs risques.

Pour ce faire, les banques centrales travaillent avec des autorités supranationales qui réglementent la gestion des risques afin que les institutions financières et l'industrie bancaire ne soient pas en danger face à un retournement de cycle économique ou à une crise systémique. Cela a été mis en place notamment avec le Comité de Bâle (ou BCBS, *Basel Committee on Banking Supervision*).

Créé à la suite du choc pétrolier des années 1970, le BCBS avait pour but de lutter contre l'instabilité financière et le risque de faillite des banques, devenant alors des acteurs majeurs d'un capitalisme mondialisé. Son principal combat fut de garantir la solidité des institutions financières face au risque de crédit, c'est-à-dire face aux risques de défaut des emprunteurs. Bien que cette mission s'inscrivait depuis 40 ans dans les statuts de l'institution, la crise de 2009 et la faillite de la banque *Lehman Brothers*, ou encore les crises souveraines européennes et les difficultés du système bancaire des pays périphériques ont montré les limites de la supervision telle qu'elle existait alors. Celle-ci se renforce aujourd'hui et devient de plus en plus exigeante.

Quels sont les impacts du renforcement des exigences réglementaires sur le financement de l'économie ?

Concrètement, les contraintes réglementaires ont un effet sur la capacité de financement des institutions financières, et en particulier des banques. Afin de garantir et limiter le risque de faillite, celles-ci consistent à exiger que les banques conservent un coussin prudentiel (plus simplement des fonds propres) afin de se prémunir du risque de défaut des clients auxquels elle a prêté de l'argent. Aussi il est attendu des institutions que les fonds propres des banques couvrent les **actifs** qu'elles détiennent.

> Les **actifs** d'une banque sont constitués de crédits octroyés à des tiers particuliers, entreprises ou institutionnels. Ces crédits sont ensuite pondérés par le risque qu'ils portent afin d'assurer de mettre en adéquation les fonds propres préservés avec les crédits octroyés. On en déduira alors la santé financière d'un établissement.

Le risque de crédit repose principalement sur deux grands indicateurs. Premier indicateur, le risque intrinsèque de la contrepartie à générer assez d'argent pour rembourser ses échéances de crédit. Cela est mesurable en tenant compte de la santé financière de chacun des clients. Aussi, plus une entreprise ou un particulier dispose de fonds disponibles et de revenus réguliers, moins le risque de crédit sera important. Deuxième indicateur, la nature du financement octroyé. En fonction du produit, le risque porté par la banque est pondéré de manière différente. Ce risque dépendra du montant accordé, de la durée du crédit mais aussi des garanties que le client est en mesure d'apporter. Par exemple, un crédit long terme (7, 10 ou même 25 ans dans le cas de crédits immobiliers aux particuliers) sans garantie nécessitera plus de fonds propres qu'un crédit de trésorerie garanti par des avoirs liquides.

Ces différentes pondérations et estimations du risque sont de nos jours très encadrées et normées. Le BCBS et les banques centrales ont mis dans leurs objectifs d'aligner les pratiques internationales qui étaient très disparates entre les différentes institutions et standardiser l'estimation de ces pondérations. Ces dernières entraînent dès lors une meilleure comparabilité des institutions financières et permettent aux régulateurs et autorités d'identifier les banques sous capitalisées. Ces pondérations augmentent de façon significative en fonction de la nature des financements et du type de clientèle.

Ce canal est utilisé afin de stimuler ou freiner les activités de crédit en Europe. C'est ainsi notamment que des dispositifs qui favorisent le financement des petites et moyennes entreprises (PME) ont été mis en place en allégeant les exigences en fonds propres face aux crédits aux PME. Depuis 2013, ce dispositif, bien qu'encensé par les institutions financières, laisse sceptiques les autorités, notamment car le stimulus a eu un impact moindre qu'attendu. Les premières mettent en cause le contexte économique difficile ayant freiné la croissance du crédit, y compris aux PME. Mais les secondes pensent, quant à elles, que la libération du capital généré a pu favoriser les autres classes d'actifs.

Comment s'assurer d'un financement efficace de la transition écologique ?

Aujourd'hui, un des défis des autorités bancaires est de favoriser le financement de la transition écologique sur fond de pressions politiques fortes et d'une urgence climatique absolue. Les institutions européennes placent les enjeux climatiques au centre des politiques des années à venir. Et les politiques, qui entourent le financement des entreprises et des particuliers, ne font pas exception à la règle. Elles identifient deux principales voies possibles pour parvenir à financer efficacement les investissements verts :

– d'une part, la création d'une nouvelle institution publique dédiée au financement de la transition énergétique. Mais le déficit et la dette pesant déjà sur les finances publiques, ou encore les difficultés à venir des économies les plus solides de l'Union européenne comme l'Allemagne laissent planer le doute sur la viabilité de cette solution ;

– d'autre part, l'incitation des acteurs privés en encourageant le crédit aux investissements dans la transition énergétique. Les financements de ces actifs conduiraient à libérer la capacité des acteurs privés à financer des projets favorisant la préservation de l'environnement. Mais si, après d'âpres débats, on a pu établir une définition claire et objective de ce qu'est une PME, la définition des investissements verts est loin d'être établie. Sur ce point, la France fait figure de leader (et notamment dans le cadre des émissions d'obligations vertes). Bien que le ministère de la Transition écologique et solidaire juge encore que ce marché manque de transparence, la volonté politique est clairement affichée et les financements atteignent des records, et se chiffrent d'ores et déjà en dizaine de milliards d'euros.

Doit-on craindre les effets d'aubaine ?

Ces stratégies ont tout de même leur limite. La première est que le climat ne peut pas s'envisager sans une coopération internationale forte. Or, la France et l'Europe apparaissent bien isolées face au laxisme américain ou l'immense défi chinois. Les institutions bancaires étant fortement internationalisées, les effets de ces politiques pourraient avoir une efficacité limitée à quelques zones géographiques. De plus, l'expérience du financement des PME, en incitant les acteurs privés, laisse un doute sur l'efficacité de ces politiques qui peuvent générer des effets d'aubaine en élargissant à outrance le périmètre d'éligibilité.

Enfin, les institutions financières européennes sont soumises à une forte instabilité réglementaire ces dernières années. La frilosité qu'induisent ces changements à répétition pourrait dissuader les acteurs privés à pleinement utiliser ce dispositif car ils auraient perdu la confiance dans les régulateurs et autres autorités à tenir leurs engagements sur le long terme. Et ce d'autant plus que l'abandon du soutien aux financements des PME est déjà annoncé malgré sa mise en place relativement récente.

Les réglementations se sont fortement durcies ces dix dernières années, aux États-Unis et plus encore en Europe. Ces dernières ont permis de diffuser les politiques de financement bancaire *via* le canal du crédit. Néanmoins, le renforcement des exigences et le durcissement des règles conduisent le secteur privé à la méfiance. De plus, les politiques d'incitation peuvent générer des effets d'aubaine qui nuisent à l'efficacité des mesures prises. Aussi, la stabilité financière passera par la stabilité réglementaire et c'est pourquoi celle-ci doit s'inscrire dans les grands enjeux du XXIe siècle et ne pas surréagir aux chocs conjoncturels. Le crédit est avant tout une activité de long terme basée sur la confiance des acteurs dans la stabilité des cadres financiers et règlementaires.

14 La transition énergétique coûte-t-elle trop cher ?

Une confusion règne autour de l'expression « changement climatique ». Des fluctuations du climat à la surface de la Terre ont toujours eu lieu depuis les 4 milliards d'années de son existence, aboutissant à des changements à long terme des schémas climatiques. Aujourd'hui cependant, la nature anthropique de ces changements accélère le rythme des dérèglements, qui s'opèrent ainsi sur une petite centaine d'années là où, auparavant, les cycles de transition s'étalaient sur des dizaines de milliers d'années.

Cette accélération sans précédent provoque des évènements climatiques extrêmes plus violents et plus nombreux. Ces derniers ont été multipliés par 10 ces 15 dernières années. Et 18 des 19 années les plus chaudes jamais enregistrées l'ont été depuis 2001.

Un coût de transition trop élevé est souvent invoqué pour justifier une absence d'action décisive devant cette situation. Est-ce réellement le cas ? Qu'en est-il des conséquences et répercussions de l'inaction ? Quel champ d'action est encore possible ?

Des répercussions humaines, physiques, financières et sociales

La fréquence et l'importance grandissantes d'évènements climatiques extrêmes, faits de variations de températures importantes, d'ouragans, de cyclones et d'orages plus nombreux et violents, ont des répercussions physiques, financières et sociales qui vont croissantes.

Sur un plan physique, nos infrastructures n'ont pas été conçues pour un tel environnement, et on constate en conséquence un plus grand nombre de coupures d'électricité et de baisses de tension. Les coûts de ces évènements climatiques extrêmes sont évalués, pour les États-Unis, à plusieurs centaines de milliards de dollars pour 2019. Les feux de forêt ont coûté à eux seuls 12 milliards de dollars à l'économie américaine en 2018, soit 30 fois plus que cela coûtait en moyenne par an de 2003 à 2012 (400 millions de dollars/an). À l'échelle mondiale, les années les plus onéreuses en termes de coûts climatiques sont toutes récentes : 2018, 2017, 2016 et 2011 (Christian Aid, décembre 2018).

L'impact sur la santé des populations est déjà très lourd. On estime ainsi que la pollution de l'air tue 30 000 personnes par an en Grande-Bretagne, et 4 000 personnes par jour en Chine (1,4 million/an).

Les conséquences migratoires sont également d'ampleur. Aujourd'hui sur Terre, on compte près de 65 millions de déracinés, dont 20 millions seraient des réfugiés climatiques. Les sécheresses, les précipitations variables, qui entraînent une diminution des rendements des terres, et la famine qui en découle, causent des mouvements migratoires massifs. Le Programme alimentaire mondial (PAM) a établi que, dans les 5 dernières années, près de la moitié des migrants d'Amérique centrale avaient quitté leur pays en raison d'une pénurie de nourriture (PAM, 2019). D'après l'Organisation des Nations unies, d'ici à 2050, quelque 500-700 millions de personnes supplémentaires pourraient être amenés à migrer, dû à diverses conséquences du changement climatique : la dégradation des sols, la sécheresse grandissante (le désert de Gobi progresse de 3 kilomètres/an), et l'élévation du niveau de la mer qui affecte les populations côtières dans le monde entier (70 millions de personnes en Afrique, la moitié de la population du Bangladesh qui vit en dessous de 5 mètres au-dessus du niveau de la mer, des villes comme New York ou Hong Kong).

Si rien n'est fait pour le contenir, le changement climatique pourrait détruire l'équivalent de 2 % du PIB aux États-Unis et près de 3 % du PIB au niveau mondial d'ici à 2030. Les pays émergents souffriraient le plus de cette inaction, qui pourrait leur coûter 11 % de leur PIB.

Sans mesure concrète et franche dans les prochaines années, le monde se dirige vers une augmentation de la température globale de 5 à 6 degrés d'ici 2100. Le coût financier d'un scénario d'augmentation des températures à 6 degrés pourrait atteindre 43 000 milliards de dollars (*The Economist Intelligence Unit*, 2015) soit 30 % du stock total d'actifs gérables mondiaux. À titre comparatif, la capitalisation boursière mondiale s'élevait en 2018 à 70 000 milliards de dollars.

Combien coûte réellement la lutte contre le changement climatique ?

À l'inverse, on estime que la mise en place de mesures permettant de contenir le réchauffement à 1,5 ou 2 degrés à l'horizon 2100 permettrait d'économiser 10 000 milliards de dollars d'ici à 2030. Des estimations moins conservatrices et plus récentes font état de plus de 26 000 milliards de dollars en bénéfices accrus dans un scénario à 2 degrés par rapport à 6 degrés (*Global Commission on the Economy and Climate*, 2018). La mise en place des accords de Paris et d'un scénario en dessous des 2 degrés coûterait 1-2 % du PIB mondial de 2050 ; alors que le *statu quo*, qui conduirait à une hausse des températures au-delà de 5 degrés, coûterait entre 25 et 35 % du PIB mondial.

Il existe pourtant déjà des technologies permettant de réduire les émissions de gaz à effet de serre, principale cause du changement climatique.

Par la collecte et la modélisation de données, les technologies d'efficacité énergétique mises en œuvre dans les bâtiments, les infrastructures, les habitations et les usines permettent de réduire et d'optimiser la consommation énergétique. L'intelligence artificielle accroît un peu plus encore l'impact de ces technologies à haute efficacité énergétique, à travers une automatisation supérieure et une optimisation en temps réel. Elle ouvre ainsi la voie à la construction de bâtiments « zéro énergie » et à énergie positive, ainsi qu'à des usines intelligentes.

Ces technologies, telles que les moteurs électriques à meilleur rendement, les pompes à chaleur électriques, ou des appareils électroménagers plus efficaces (réfrigérateurs, fours etc.), réduisent les consommations, et conduisent à une réduction de la pression sur les infrastructures à travers une meilleure répartition des consommations, un écrêtement des pointes. Dans des industries dites « intelligentes », l'automatisation et l'Internet des objets (IOT) alliés à l'efficacité énergétique de la demande permettent d'économiser 60 % de la consommation d'électricité.

Pourtant, deux tiers de ces technologies demeurent inexploités et ce, malgré un retour sur investissement de trois à cinq ans (Agence internationale de l'énergie – AIE – , *Energy Efficiency Markets*, 2019).

Des politiques publiques sont nécessaires afin de corriger les barrières et défaillances du marché qui empêchent la diffusion totale des technologies à haute efficacité énergétique. La mise en place de ces technologies à leur plein potentiel permettrait une réduction des émissions mondiales de gaz à effet de serre de 40 % d'ici à 2040 (AIE, *Efficient Energy Scenario*, 2018).

Qu'attendons-nous pour agir ?

Les coûts financiers de l'inaction sont largement supérieurs à ceux de la transition ; et des solutions technologiques existent pour amorcer cette transition. Alors pourquoi cette transition n'est-elle toujours pas à l'œuvre ?

À l'échelle des individus, il faudrait que lorsqu'une personne compare ses coûts et ses bénéfices privés à prendre sa voiture ou l'avion, elle puisse intégrer le dommage qu'elle impose à la collectivité par ses choix (Christian Gollier, *Le Climat après la fin du mois*, 2019). Un tel calcul serait rendu possible à travers la mise en place d'un prix du carbone, ce que les économistes appellent « l'internalisation des externalités carbones » ; à savoir la prise en compte du prix pour la société entière, d'un choix particulier, en comptabilisant les conséquences totales des émissions carbones décrites précédemment : financières, physiques et sociales.

Cette prise en compte du coût total des émissions carbone constitue la base de l'élaboration de politiques adaptées, peu coûteuses, permettant de lancer la transition.

Dès 2015, à l'aube de l'Accord de Paris, le secteur privé avait demandé aux gouvernements d'instaurer un prix du carbone ; suivant l'idée qu'un risque quantifié devient un risque gérable. Les économistes s'accordent à dire qu'un tarif de 50 euros/tonne de carbone serait raisonnable pour commencer à internaliser le prix du carbone. De telles demandes ont été réitérées depuis, encore récemment par le FMI qui souligne l'importance d'un prix du carbone pour stimuler et financer des efforts d'atténuation à l'échelle internationale.

Si la fixation d'un prix du carbone constitue en effet une solution économique idéale pour internaliser ses coûts et réduire la pollution, faire payer une taxe carbone a entraîné une véritable fuite d'électeurs en Amérique et en Europe.

De plus, la mise en place d'une taxe carbone exige une coordination internationale précise et concertée, très difficilement réalisable. Ainsi, si le rationnel économique à long terme de cette internalisation des coûts existe bel et bien, sa mise en place s'avère compliquée et onéreuse politiquement.

Dans ce contexte, d'autres instruments de politiques publiques, moins efficaces et moins directs, peuvent être envisagés : des objectifs chiffrés de réduction d'émissions contraignants, soutenus par des plans crédibles pour les atteindre, incluant de la flexibilité fiscale. En matière d'efficacité énergétique, des standards d'efficience élevés pour les pompes à chaleur et les moteurs électriques permettraient d'économiser 20 % de la consommation du secteur industriel. Dans les bâtiments, la consommation peut être divisée par deux, en combinant des appareils électroménagers de meilleur standard, des technologies d'isolation avancées, et de l'automatisation.

La fenêtre de changement se réduit rapidement. Pour contrer les pires scénarios du changement climatique, une action ferme est requise. Les réductions massives d'émissions doivent être mises en place dans les cinq à dix années à venir. À ce titre, les discussions d'Helsinki et de Santiago entre les ministres de l'Économie de plus de 25 pays, qui ont eu lieu en octobre 2019, sont prometteuses. Il reste la difficile mise en place de politiques fiscales climatiques coordonnées.

15 La dette publique doit-elle être contrôlée ?

La question de la dette publique occupe une place centrale dans les débats actuels et dans la conduite des politiques nationales. L'argument de l'endettement des administrations publiques est ainsi souvent invoqué pour légitimer certaines orientations de politiques économiques. Il faudrait ainsi limiter la progression de l'endettement souverain, au risque d'hypothéquer l'avenir du pays. Au plus fort de la crise qui a secoué la zone euro au début des années 2010, des chiffres indiquant un plafond d'endettement à ne pas franchir ont même été avancés, laissant planer l'idée qu'au-delà de ce plafond, la croissance économique du pays serait compromise.

Pour autant, qu'en est-il vraiment ?

Un renouveau de la question

Longtemps cantonnées aux économies émergentes ainsi qu'à celles des pays en développement, les questions de soutenabilité de l'endettement public ont acquis une acuité renouvelée dans le débat public des économies développées à la suite de la crise financière de 2007 et, plus encore, de la crise des dettes souveraines qui a frappé l'Europe et plus particulièrement la zone euro.

Au plus fort de la crise, face aux difficultés des pays périphériques de la zone euro (dont l'Italie, l'Espagne, le Portugal et l'Irlande mais surtout la Grèce) à se financer sur les marchés, la question de la dette publique a occupé une place prépondérante. Il faut dire qu'au-delà des impacts nationaux particulièrement sévères pour les pays affectés, les risques liés à l'endettement semblaient remettre en cause la capacité de la zone euro à survivre à la crise.

Depuis, les impératifs de maintien de la dette publique à un niveau « acceptable » sont restés au premier plan des débats publics. En 2018, en France, le traitement de la réforme de la SNCF et de la reprise de sa dette par l'État en a constitué une bonne illustration.

Qu'entend-on par dette publique ?

La dette publique s'accroît notamment à mesure que les administrations publiques dépensent plus que ce qu'elles ne recouvrent comme recettes. Ce déficit doit alors être financé. Dans les pays développés, il l'est notamment par les marchés lors de l'émission de titres. Dans les économies émergentes et surtout dans les économies en développement, l'accès au marché est plus limité et le financement se fait également par des prêts auprès d'un ou plusieurs États.

Prenons un peu de recul par rapport aux chiffres statistiques. Si la dette publique incorpore de nombreuses créances et engagements des administrations publiques, elle ne saurait pas constituer l'alpha et l'oméga de la réflexion sur leurs engagements. Ainsi, en France, dans le cadre d'un régime de retraite par répartition, l'État contracte une dette auprès des cotisants aux régimes de pensions, dette qui sera progressivement soldée lorsque ces mêmes cotisants atteindront l'âge de départ à la retraite. Pour autant, ces engagements ne sont pas inclus dans les chiffres de la dette publique.

De même, la question de la réforme de la SNCF a souligné le fait que la dette de certaines entités, par exemple de certaines entreprises à participation publique majoritaire, voire de certaines entreprises où l'État est l'actionnaire unique, n'est pas considérée comme de la dette publique.

Ces règles de comptabilité publique ne sont pas innocentes, le débat se concentrant sur un chiffre qui ne saurait recouvrir l'entièreté des enjeux.

Mais alors pourquoi s'endetter ? Quand faut-il s'arrêter ?

L'endettement est souvent justifié pour financer des politiques publiques devant accroître la croissance économique à court et long termes. Cela permettra de rembourser la dette plus facilement. Dans les faits, il n'y a pas de consensus sur la question et la réponse dépend des caractéristiques du pays considéré, des mesures financées, de leur efficacité et du cycle économique.

Lors de la crise des dettes souveraines au début des années 2010, le débat s'est articulé autour de l'existence d'un niveau de dette publique au-delà duquel l'endettement aurait un effet récessif. De fait, aucune recherche conclusive n'a montré l'existence d'un tel niveau, valable indifféremment pour tous les pays. Les niveaux d'endettement varient fortement entre les pays, y compris entre les pays développés (Japon : 240 % du PIB ; France : 98,5 % du PIB ; Suède : 38 % du PIB). Les spécificités nationales expliquent pour partie que des niveaux de dette apparaissent soutenables dans certains pays et moins dans d'autres. Par exemple, la dette japonaise est principalement détenue par des résidents nationaux (notamment la banque centrale), ce qui lui confère une plus grande stabilité.

Néanmoins, les risques associés à un endettement trop important doivent être pris en compte face aux enjeux qu'il représente pour les finances publiques et la stabilité économique.

Quels sont les risques ?

Avec l'accroissement de la dette, sa charge (c'est-à-dire le paiement des intérêts) pèse de façon accrue sur le budget d'un pays. Son remboursement limite donc les capacités de l'État en l'absence d'une croissance économique future suffisante pour financer la dette émise aujourd'hui. La dette peut ainsi affaiblir les capacités économiques et freiner la croissance sur le long terme, en particulier lorsque l'endettement ne finance pas des mesures susceptibles d'améliorer l'activité économique et de faciliter les remboursements.

Par ailleurs, l'accroissement de la dette peut menacer la viabilité des finances publiques à long terme, notamment en augmentant le risque de crédit : un acteur trop endetté apparaît moins solvable et plus susceptible de faire défaut. Cette hausse du risque peut entraîner une hausse des taux d'intérêt et une augmentation du coût de la dette, ce qui finit par peser sur les capacités futures de l'État. À noter que cet effet peut se transmettre au financement des initiatives privées, le taux d'endettement de l'État servant de mesure pour l'endettement du secteur privé. Enfin, une dette publique trop forte peut limiter les capacités d'accès au marché du secteur privé.

De façon plus conjoncturelle, un endettement trop élevé limite le rôle de stabilisateur du cycle économique que doit jouer la puissance publique. Les finances publiques doivent en effet contenir les effets adverses des fluctuations économiques conjoncturelles. Ainsi, en bas de cycle, la dépense publique peut être un soutien crucial pour l'activité économique du pays alors que le secteur privé voit ses conditions financières et ses perspectives d'activité se détériorer. De telles interventions se traduisent généralement par un accroissement des dépenses publiques. En cas de limitations pesant sur la capacité de l'État à s'endetter ou de restrictions de son accès aux marchés financiers en raison d'un risque d'endettement conséquent, les possibilités de la puissance publique sont alors drastiquement limitées. Une telle incapacité à atténuer un choc économique négatif peut conduire à amplifier les effets de la crise et sa durée.

De facto, la dernière crise a entraîné un fort endettement dans la plupart des économies développées (ainsi en France, le taux d'endettement est passé de 64,6 % du PIB en 2006 à 98,5 % en 2017). Il a été accentué par un ralentissement de la croissance économique qui a augmenté le poids relatif de la dette, ce qui constitue un risque important en cas de prochaine crise économique.

En ce qui concerne les pays ayant des accès limités au marché ou dépendants de financements extérieurs, le recours à l'endettement peut entraîner l'arrêt soudain de ces financements. C'est notamment ce qui est arrivé lors de la crise des économies du Sud-Est asiatique en 1997.

Le débat se pose de manière plus accrue au sein de la zone euro. Alors que la politique monétaire est désormais commune, les capacités budgétaires demeurent essentiellement de la responsabilité du niveau national. Une telle architecture limite les capacités d'ajustement au niveau national, voire entraîne des comportements non-coopératifs, un pays pouvant avoir la tentation de s'endetter au-delà du raisonnable tout en estimant, de façon implicite, qu'il sera soutenu par les autres pays de la zone.

C'est en partie pour cette raison, et afin d'assurer la convergence et la stabilité de la zone euro, que des critères de déficit et d'endettement publics (respectivement 3 % du PIB et 60 % du PIB) ont été fixés. Afin d'améliorer le fonctionnement de l'union monétaire, des propositions afin de développer les mécanismes de solidarité de garantie au sein de la zone euro, voire de mettre en œuvre un budget commun de la zone euro, sont régulièrement débattues.

Et demain ?

Face à ces enjeux, et alors que l'endettement des administrations publiques est préoccupant, la réduction de la dette publique dans les économies développées s'appuie principalement sur la réduction des dépenses publiques et sur le soutien à l'activité économique, ces deux facteurs n'étant pas indépendants.

À l'inverse, le ralentissement de la croissance économique ainsi que le facteur démographique constituent des éléments importants dans la capacité à assurer la viabilité de la dette publique. À l'avenir, des modalités pour l'instant principalement mobilisées dans les économies émergentes et dans les pays en développement (restructuration de la dette, tolérance à une inflation plus élevée) pourraient resurgir en cas de nouvelle crise.

16 Le système fiscal français : inutile, injuste ou simplement incompréhensible ?

La question fiscale a été au cœur des revendications du mouvement des « gilets jaunes », comme elle l'avait été lors de la Révolution française : trop d'impôts pour la classe moyenne, écart injuste entre ceux qui travaillent et ceux qui vivent uniquement de transferts, injustice fiscale entre « riches et pauvres ».

Pourquoi le système fiscal français est-il ressenti de cette manière ? Il s'agira de répondre en décrivant son fonctionnement, souvent peu connu, en expliquant les inégalités de traitement, souvent indispensables, et en rappelant sa nécessité, souvent oubliée.

Le système fiscal : je n'en connais pas grand-chose et je n'y comprends rien !

La structure des taxes et des impôts en France est très complexe, méconnue et donc en proie aux fantasmes. Il faut bien avoir en tête qui paie quoi et dans quelle proportion avant de se poser la question de son utilité ou de sa justice.

Contrairement aux idées reçues, tout le monde paie des impôts, et plus précisément des « prélèvements obligatoires », qui représentent en moyenne 49 % du revenu de chacun. Sur ces 49 % de prélèvements obligatoires, il y a les impôts sur les revenus (revenus du travail, revenus du capital) qui représentent 9 %, les impôts sur le capital (4 %), les impôts sur la consommation (13 %) et les cotisations sociales (23 %).

Concrètement, un Français touche en moyenne 3 000 euros par mois avant impôts et redistribution. Il consacre 80 euros par mois à l'impôt sur le revenu et 180 euros à la contribution sociale généralisée (CSG), soit un total d'**impôt sur le revenu** de 260 euros par mois. À cela s'ajoute 630 euros par mois en moyenne de cotisations sociales (maladie, famille, retraite, chômage).

L'impôt sur le revenu : qui le paie ?

L'impôt sur le revenu est divisé en cinq tranches. C'est un impôt progressif, les taux d'imposition pour les hauts revenus doivent être plus élevés que pour les bas et moyens revenus :

– de 0 à 9 964 € de revenus annuels, le taux est de 0 % ;
– de 9 964 € à 27 519 €, le taux est de 14 % ;
– de 27 519 € à 73 779 €, le taux est de 30 % ;
– de 73 779 € à 156 244 €, le taux est de 41 % ;
– au-delà de 156 244 €, le taux est de 45 %.

Au total, 47 % des Français paient l'impôt sur le revenu.

La spécificité de l'impôt sur le revenu (IR) est qu'il dépend des revenus de l'individu. En revanche, les autres impôts comme la TVA, la CSG, etc. sont payés par tous.

Regardons par exemple la TVA (taxe sur la valeur ajoutée), qui coûte beaucoup plus cher aux Français que l'impôt sur le revenu. Contrairement à l'IR, le taux est identique pour tout le monde, mais dans les faits il est beaucoup plus douloureux pour les faibles revenus que pour les classes supérieures. Pourquoi ? Parce que c'est un impôt proportionnel, sur la consommation. Les plus modestes n'ont pas les moyens d'épargner et consomment la quasi-totalité de leur revenu : ils se retrouvent donc à payer sous forme d'autres impôts un plus fort pourcentage de leur revenu que les plus riches, qui ont en moyenne un taux d'épargne élevé.

C'est d'ailleurs pour cela que l'IR doit être progressif (comme l'ensemble des impôts directs en règle générale), pour venir contrecarrer l'effet régressif des impôts sur la consommation et rétablir une répartition plus juste du prélèvement fiscal global.

Le consentement à l'impôt : je paie trop d'impôts par rapport à mon voisin

Introduisons désormais la notion de consentement à l'impôt. C'est le sentiment que l'impôt est juste et accepté par tous. Il se base sur un principe d'équité horizontale, qui signifie « à revenu égal, impôt égal ».

On assiste aujourd'hui à une crise du consentement à l'impôt. En effet, ce principe de base ne semble plus respecté dans le système actuel, ni par le bas de l'assiette (« les pauvres » devraient aussi payer l'impôt), ni par le haut (« les riches » paient moins d'impôts que la classe moyenne). Il y a deux explications à ce double sentiment : la différence de traitement entre travailleurs pauvres et inactifs bénéficiaires de transferts sociaux d'une part ; la fraude fiscale, l'abondance de niches fiscales et la suppression de l'impôt sur la fortune (ISF) d'autre part.

Tout d'abord, expliquons le mécontentement de ceux qui travaillent à l'égard de ceux qui vivent uniquement de transferts sociaux. Ce sentiment n'est pas imputable au système fiscal, mais vient essentiellement de l'écart entre les bénéficiaires de transferts sociaux (allocations-chômage notamment) et les travailleurs pauvres, soumis à des contrats précaires (temps partiel, intérim, etc.) et par là même non éligibles à ces prestations. Cet écart ne peut pas être résolu par une redéfinition du système fiscal, mais par une réflexion autour des prestations sociales et de leurs conditions d'accès.

Ensuite, la crise par le haut du consentement à l'impôt découle du sentiment de dégressivité globale de notre système fiscal. Certes, l'impôt sur le revenu est progressif, la TVA régressive, mais le système français est-il vraiment juste ? Est-il suffisamment progressif pour créer du consentement ? Si l'on prend en compte l'ensemble des prélèvements obligatoires (cotisations sociales, impôts sur la consommation, IR, etc.), on constate qu'en France, le système est légèrement progressif jusqu'au niveau des classes moyennes, puis devient régressif pour les 5 % les plus riches, et surtout pour les 1 %. C'est pour cela qu'aujourd'hui le système fiscal global met en danger la cohésion sociale.

Pourquoi donc ne pas rétablir la progressivité dans les classes supérieures ? En effet, l'impôt sur le revenu (en ajoutant une tranche supplémentaire, ou en rehaussant le taux de la tranche supérieure) et l'impôt sur le capital (ISF, successions) devraient contrebalancer la dégressivité des cotisations sociales et des impôts sur la consommation.

En supprimant l'ISF, l'impôt global en France est devenu encore plus régressif. Seulement, l'ISF était considéré comme un impôt peu efficace à cause de la multiplicité des niches fiscales et de sa toute petite assiette. Contrairement aux prescriptions de la théorie économique, qui suggèrent qu'un bon impôt doit avoir un faible taux sur une large assiette, l'ISF appliquait un gros taux sur une petite assiette. Si le supprimer était donc source d'efficacité, il est nécessaire aujourd'hui de mettre en place un impôt sur le capital pour rééquilibrer le système global. Il suffirait d'appliquer un petit taux (par exemple 0,1 %) sur une large assiette (par exemple l'ensemble des fortunes de plus d'1 million d'euros).

Les dépenses publiques : je ne sais pas où vont mes impôts

En comptabilité nationale, les dépenses publiques doivent être financées, soit par l'impôt, soit par la dette. Ainsi, sur les 49 % de revenus prélevés actuellement, environ 23 points vont à la redistribution d'une part (c'est-à-dire aux revenus de transfert), dont 19 points pour des revenus de remplacement (pension de retraite, allocation-chômage) et 4 points des transferts purs (allocations familiales, minima sociaux, etc.), et 26 points pour financer les dépenses publiques d'autre part (21 points pour l'éducation, la santé, 5 points pour les autres services publics comme les routes, la justice, la police, etc.).

La grande part allouée en France à la redistribution et à la protection sociale vient de la spécificité de notre système de protection sociale. C'est en effet un système beveridgien (opposé au système bismarckien) qui se fonde sur trois principes : universalité (couverture de toute la population et de tous les risques), uniformité des prestations (fondée sur les besoins des individus et non sur leurs pertes de revenus en cas de survenu d'un risque), unité de gestion étatique.

Ce système est financé par l'impôt. Cependant, les recettes fiscales (ressources) sont séparées des dépenses publiques. Il n'y a donc pas de fléchage de l'impôt : on ne peut pas savoir précisément quel impôt finance quelle dépense publique. Cette notion est très importante car elle est le fondement même de l'impôt : selon Alexis Spire, spécialiste de la sociologie de l'impôt, accepter de payer des impôts, c'est accepter que l'argent privé soit transformé en argent public. La reconnaissance de la légitimité de l'impôt passe donc par l'acceptation d'une perte de pouvoir sur l'argent devenu public. Le fléchage viendrait rompre ce principe fondateur de l'impôt.

En revanche, on peut savoir où vont les dépenses publiques, par exemple sur 1 000 euros (en France, en 2017) :

Dépenses	Sous-dépenses	Sur 1 000 €
Protection sociale	Retraites	268
	Assurance maladie	191
	Famille (ex. allocations familiales)	42
	Chômage	35
	Aide au logement (ex. APL)	17
	Autre solidarité (ex. RSA)	22
	Sous-total protection sociale	**575**
Dépenses sectorielles	Affaires économiques (ex. crédit d'impôt aux entreprises, aides sectorielles, etc.)	53
	Transport et équipements collectifs (ex. réseaux routiers, ferroviaires, etc.)	43
	Culture (ex. musées nationaux)	22
	Environnement (ex. gestion de l'eau et des déchets)	16
	Infrastructures (ex. éclairage public)	9
	Sous-total dépenses sectorielles	**143**

Dépenses	Sous-dépenses	Sur 1 000 €
Services publics régaliens	Défense	31
	Sécurité	25
	Justice	4
	Sous-total régalien	**60**
Éducation		**96**
Recherche		**23**
Administrations publiques (service des impôts, mairies, caisses de sécurité sociale, etc.)		**66**
Charge de la dette		**37**

Source : DG Trésor.

En France, on assiste donc aujourd'hui à une crise de l'impôt. Mais il s'agit en réalité d'une crise de pédagogie, de transparence sur notre système fiscal, sur les notions de progressivité, de dégressivité effective, etc. Plus de transparence permettrait aux Français de répondre à la question initialement posée : le système fiscal français est incompréhensible, certainement, injuste, dans certains cas, mais en aucun cas inutile.

17 Le système redistributif français fonctionne-t-il vraiment bien ?

Assurer la redistribution des richesses au sein de la société fait partie des principaux objectifs traditionnellement assignés aux finances publiques. Ainsi, face à un poids des prélèvements obligatoires particulièrement élevé en France, l'argument de la redistribution est fréquemment mis en avant, l'État intervenant alors pour assurer une justice sociale qui ne pourrait être obtenue naturellement sans son action. Mais qu'en est-il vraiment ? Les modalités de redistribution mises en place permettent-elles réellement de lutter contre les inégalités ?

Nous traiterons ici uniquement des inégalités de revenus, sur lesquels l'action des prélèvements obligatoires est particulièrement visible. Pour autant, cet angle de vue n'épuise pas le sujet, loin de là. Ainsi, les inégalités de patrimoine, particulièrement importantes, ne seront pas abordées ici.

Qu'en est-il aujourd'hui ?

Le sujet des inégalités de revenus a pris ces dernières années une importance croissante dans le débat public. De fait, les inégalités présentent un visage différent selon les régions du monde. Ainsi, d'après le *World Inequality Lab*, en 2016, la part du revenu national allant aux 10 % des plus gros revenus était de 37 % en Europe, 41 % en Chine, 46 % en

Russie, 47 % aux États-Unis et au Canada, autour de 55 % en Afrique subsaharienne, au Brésil et en Inde, et enfin de 61 % au Moyen-Orient.

En termes d'évolutions, on constate une certaine homogénéité : les inégalités ont en effet eu tendance à croître dans l'ensemble des régions du monde depuis les années 1980. Évidemment, les trajectoires et les dynamiques varient selon la situation de développement du pays, l'existence de mécanismes de redistribution efficace et d'institutions à même de développer des politiques publiques adéquates. Ainsi, les inégalités de revenus ont augmenté sur cette période de façon particulièrement notable en Amérique du Nord, en Chine ou en Russie. À l'inverse, la hausse a été plus faible au sein des pays européens.

Prenons un exemple : les États-Unis et les pays d'Europe de l'Ouest, alors que leurs niveaux d'inégalité étaient tout à fait comparables au début des années 1980, ont pourtant suivi des trajectoires différentes. Ainsi, toujours selon le *World Inequality Lab*, la part de revenu du centième de la population percevant les plus hauts revenus était proche de 10 % tant aux États-Unis qu'en Europe de l'Ouest. En 2016, cette part atteint 12 % en Europe, mais 20 % aux États-Unis.

Un modèle français efficace de redistribution…

Différentes études soulignent la forte redistribution des revenus permise par le système français, grâce aux impôts et aux transferts sociaux (minima sociaux par exemple). Il existe bien sûr différentes mesures pour quantifier ce phénomène. Certains indicateurs s'appliquent à comparer au sein de la population les revenus les plus élevés aux revenus les plus faibles. On peut également les comparer à ceux perçus par la moitié de la population ayant les revenus les plus modestes. Une autre méthode consiste à utiliser l'indice de Gini, qui mesure les inégalités de répartition d'une distribution (en l'occurrence, ici, les revenus). Cet indice est compris entre 0 (la distribution est parfaitement égalitaire) et 1 (la distribution est alors inégalitaire).

En utilisant ces différents instruments, les différentes études arrivent à des résultats concordants. Le système redistributif français permettrait de réduire fortement les inégalités de revenus, certaines estimations avançant même des chiffres de réduction d'un quart à un tiers selon les périodes et les méthodes utilisées. L'indice de Gini, après impôts et transferts sociaux, s'établit ainsi à 0,29 en 2016, ce qui classe la France derrière des pays comme la Belgique, l'Autriche ou les Pays-Bas, mais loin devant le Royaume-Uni ou les États-Unis.

… qui doit être relativisé

Si, de fait, le caractère redistributif du système français ne saurait pas être contesté, il apparaît paradoxalement moins performant que celui d'autres pays pourtant plus inégalitaires. Par exemple, selon certains indicateurs, le système des impôts et transferts aux États-Unis réduirait davantage les inégalités de revenus que le système français.

Ainsi, et malgré l'ampleur des flux financiers créés par le système de redistribution des revenus français, la réussite de celui-ci apparaît toute relative. En comprendre les raisons éclaire de façon intéressante les facteurs liés aux inégalités de revenus et les limites des mécanismes mis en place pour y faire face. Quelle est l'efficacité de la mobilisation des finances publiques au service des objectifs de redistribution en France ? Les moyens déployés et les sommes mobilisées sont-ils en adéquation avec ces objectifs, et utilisés de façon optimale ?

La redistribution s'insère dans un cadre social complexe

Le jeu des impôts et des transferts, permettant la diminution des inégalités de revenus, s'inscrit dans un cadre social complexe, qui a une influence sur la capacité du système redistributif à atteindre ses objectifs.

Tout d'abord, l'importance de la redistribution dépend des inégalités qui préexistent à l'action des impôts et des transferts. Ainsi, dans un système où la distribution des revenus est relativement plus égalitaire avant les divers prélèvements et transferts, comme c'est le cas lorsque l'on compare la France aux États-Unis par exemple, l'ampleur des corrections tendra à être moins importante (l'ampleur de la réduction des inégalités de revenus post-redistribution sera moins grande), la situation finale demeurant néanmoins plus égalitaire en France.

Soulignons également que les inégalités de revenus sont elles-mêmes liées à de nombreux facteurs, comme l'accès à l'éducation et à la formation, les capacités d'ajustement du marché du travail, les mécanismes de formation des salaires, l'ancrage historique et institutionnel… Le cadre social est donc primordial dans l'établissement et la compréhension des dynamiques des inégalités de revenus. Et cela d'autant plus qu'il apparaît souvent figé, reproduisant les mêmes inégalités d'une génération à l'autre. C'est notamment le cas pour le système scolaire français, qui favorise peu la mobilité sociale, notamment lorsqu'il est comparé aux systèmes scolaires des autres pays de l'OCDE.

Enfin, dans le cas français, les transferts monétaires ont tendance à se faire au profit des personnes âgées (afin notamment de rétablir les inégalités de revenus au sein de ce groupe d'âge) et au détriment des populations jeunes qui apparaissent relativement moins soutenues. Évidemment, cette conclusion est fortement sensible à l'évolution des politiques structurelles, comme par exemple sur le système des retraites, qui peuvent affecter les mécanismes de redistribution intergénérationnels.

Pourquoi et comment améliorer le système redistributif ?

Nous l'avons vu précédemment, les inégalités ont eu tendance à s'amplifier au cours des dernières décennies sur l'ensemble de la planète. Cette dynamique a eu pour conséquence de mettre sur le devant de la scène des études économiques d'ampleur, préoccupées par les impacts à long terme d'une telle évolution.

Parmi ces effets, les pressions auxquelles sont soumises les classes moyennes sont fréquemment soulignées. En particulier, si les inégalités de revenus perdurent ou s'aggravent, elles pourraient amplifier les inégalités de patrimoine déjà très fortes et qui sont le principal moteur des inégalités sur le long terme. Il est en effet souvent difficile de mettre en place des mesures permettant la redistribution du patrimoine, ces mesures ayant notamment un coût politique et social fort. En outre, les revenus du patrimoine sont très inégalement répartis et participent à l'amplification des tendances étudiées précédemment. Les impacts sur la classe moyenne sont d'autant plus importants que cette dernière a un poids économique conséquent, avec une propension à consommer qui en fait l'un des moteurs de la croissance de l'activité économique. Par ailleurs, l'augmentation des inégalités de revenus a pour conséquence l'accroissement de la pauvreté.

> Entre 1980 et 2016, la part de patrimoine mondial aux mains des 1 % les plus riches de la planète est passée de 28 % à 33 % pendant que la part des 75 % les plus pauvres a stagné autour de 10 % et que la part des « classes moyennes » a diminué.

Face à ces évolutions, l'amélioration des dispositifs de redistribution afin de limiter l'accentuation des inégalités de revenus (après impôts et transferts) peut s'appuyer sur plusieurs leviers :

– changer la politique fiscale, notamment en luttant contre les « niches fiscales » offertes aux plus hauts revenus : ces changements doivent se faire au niveau national mais également international, afin de prendre en compte les effets liés à la mobilité du capital ;

– soutenir le système éducatif : celui-ci doit permettre d'acquérir les connaissances et les compétences nécessaires à une bonne insertion sur le marché du travail. Surtout, il importe que le système éducatif ne participe pas ou ne favorise pas la reproduction des inégalités d'une génération à l'autre. À ce titre, le système éducatif français fait l'objet de critiques récurrentes, en particulier de la part de l'OCDE ;

– réfléchir aux moyens de réduire les inégalités salariales (par exemple au sein des entreprises, où la transparence sur les salaires des dirigeants a également été imposée).

Ces changements structurels, en réduisant les inégalités *avant* redistribution, permettraient de limiter l'ampleur des dispositifs de redistribution et de la part des revenus nationaux redistribués. Cela participerait à l'amélioration de l'efficacité de ces dispositifs, ainsi qu'à leur meilleure acceptation sociale.

18 Les dépenses publiques sont-elles trop importantes en France ?

En France, les dépenses publiques augmentent tendanciellement depuis 30 ans. En 2017, elles s'élèvent à 56,5 % du PIB, soit 10 points de plus que la moyenne des pays de l'Union européenne. L'État est le premier employeur et un puissant agent économique. Le niveau des dépenses publiques – exprimé selon le quotient des dépenses publiques sur le PIB – constitue un indicateur qui permet d'estimer le poids de l'État dans l'économie.

Depuis des siècles, le rôle qu'il convient d'attribuer à l'État fait l'objet d'une forte controverse. Thomas Hobbes (*Le Léviathan*, 1651) ou John Maynard Keynes (*The General Theory of Employment, Interest, and Money*, 1936) comptent parmi les illustres défenseurs de l'intervention publique. À l'opposé, se trouve la tradition libérale de John Locke (*Deux traités du gouvernement civil*, 1690), Friedrich Hayek, Milton Friedman, et le courant du *Public Choice* qui considère que les dépenses publiques sont trop importantes. Cette querelle séculaire se poursuit encore aujourd'hui : la France demeure un pays « coupé en deux ».

L'État dispose aujourd'hui de fortes prérogatives, mais il est remis en question et taxé d'inefficacité. Le gouvernement actuel souhaite baisser le niveau des dépenses publiques, mais cet objectif demeure un véritable casse-tête.

La science économique peine à modéliser le processus « politico-économique » sous-jacent. En effet, les niveaux des dépenses publiques résultent de l'interaction de multiples facteurs (économiques, politiques, institutionnels, sociaux, historiques, culturels, etc.), qui dépendent fortement des pays et des périodes.

L'augmentation des dépenses publiques est-elle inévitable ?

Joseph Schumpeter (*Capitalisme, socialisme et démocratie*, 1942) notait déjà le remplacement des « vieilles institutions » par des structures publiques. Au cours du XXe siècle, les dépenses publiques se sont fortement accrues dans les pays industrialisés, l'intervention publique s'étant conjointement développée selon les lignes définies par les trois fonctions définies par Richard Musgrave (*The Theory of Public Finance: A Study in Public Economy*, 1959) :

– la fonction d'allocation s'est notamment intensifiée au travers de l'investissement public, de politiques de correction des externalités, de mesures liées à des biens tutélaires, etc ;

– la fonction de redistribution s'est fortement amplifiée, par des prélèvements obligatoires et des mesures sociales ;

– la fonction de stabilisation macroéconomique s'est développée du fait des politiques budgétaires et monétaires.

Dans une analyse de longue période des quatre principales économies européennes (France, Allemagne, Royaume-Uni, Italie), nous avons établi que le nombre d'années de hausse des dépenses publiques et le nombre d'années de baisse sont comparables. Toutefois, les intensités des hausses sont en moyenne supérieures à celles des baisses. Ce fait statistique « explique » la tendance des dépenses publiques à s'accroître sur le long terme.

Nous avons également montré que la période récente est caractérisée par la présence de fortes interactions budgétaires directes (ex. les politiques budgétaires française et allemande s'influencent mutuellement) et indirectes (ex. l'impulsion exercée par l'échelon communautaire au travers de directives sur les pays européens, ou par la BCE du fait de sa politique monétaire). Ainsi, les dépenses publiques sont de plus en plus interdépendantes entre les pays, du fait de la globalisation économique et de l'intégration politique. Les contraintes économiques, budgétaires et politiques qui s'exercent sur les États se sont fortement internationalisées.

Les multiples déterminants des finances publiques

Il existe plusieurs dizaines de déterminants potentiels des dépenses publiques. Certains relèvent plutôt de la demande (caractéristiques du droit de vote, taux de pauvreté, PIB, vieillissement, capital humain, etc.), alors que d'autres sont davantage liés à l'offre (démocratie directe ou représentative, régime parlementaire ou présidentiel, scrutin majoritaire ou proportionnel, collecte d'impôt, règles budgétaires, caractéristiques des pouvoirs exécutif, législatif et judiciaire, etc.).

Aucun de ces déterminants n'a une portée générale : leur intensité dépend du pays et de la période. Par exemple, la crise de 2007 a eu pour conséquence une hausse du niveau des dépenses publiques dans les principales économies européennes, du fait du recours intensif à la politique budgétaire

Loi de Wagner : loi énoncée par Adolf Wagner (1835-1917) selon laquelle le niveau des dépenses publiques augmente avec le niveau de vie, c'est-à-dire avec le ratio PIB/habitant.

et de la baisse du PIB. À l'opposé, les nouvelles technologies devraient permettre à terme de faire baisser les dépenses publiques. Plus généralement, la **loi de Wagner** n'est pas validée empiriquement pour la France ; ou plus exactement la validité empirique dépend fortement de la période considérée et des variables choisies.

Qu'en est-il aujourd'hui ?

En 2017, en France, les dépenses publiques s'élèvent à 1 291 milliards d'euros et se répartissent de la manière suivante : environ 43 % pour la protection sociale, 14 % pour la santé, 11 % pour les services publics généraux, 10 % pour les affaires économiques, 10 % pour l'enseignement, 3 % pour la défense, et 9 % dans la catégorie autres.

La croissance des dépenses publiques crée un déficit car il est politiquement difficile d'augmenter les prélèvements obligatoires à un tel rythme. La dette ainsi créée – par la succession des déficits – demeure pour l'instant soutenable car la France emprunte à des taux bas.

Même s'il est difficile d'identifier les déterminants de long terme (facteurs structurels, qui ne varient pas ou peu au cours du temps : institutions, préférences collectives, démographie, etc.) des dépenses publiques, il est établi que le haut niveau des dépenses publiques françaises est imputable à la forte socialisation et générosité du système de retraites, mais également aux dépenses de logement, de défense, des affaires économiques, du chômage, de la santé, de la protection de l'environnement et de la culture.

Quelques pistes de réformes pour réduire les dépenses publiques

La réduction des dépenses publiques est une préoccupation ancienne, et qui n'est ni le monopole des gouvernements conservateurs, ni celui des pays fortement industrialisés.

Il n'existe ni de seuil universel au-delà duquel les dépenses publiques seraient trop importantes, ni de niveau optimal des dépenses publiques. Toutefois, il semble que dans le cas français, le niveau des dépenses publiques et des prélèvements obligatoires est supérieur à l'optimum. Autrement dit, certaines politiques publiques pourraient avoir le même impact avec un niveau de dépense inférieur.

Par ailleurs, même si le fonctionnement de l'État est satisfaisant dans l'ensemble, il devrait être possible d'accroître l'efficacité de certaines catégories de dépenses publiques (c'est-à-dire dispositions sectorielles).

Pour le président Emmanuel Macron, la baisse des dépenses publiques est un élément important, qui permettrait de dynamiser l'économie et d'offrir des marges de manœuvre économiques et politiques. Toutefois, alors que la maîtrise des dépenses apparaît réaliste, l'objectif de les réduire de 4 points de PIB (soit environ 100 milliards d'euros) au cours du mandat sera difficilement réalisable. En 2018, le Comité d'action publique 2022 (CAP 22) proposait des pistes conduisant seulement à une baisse d'environ 1,3 point de PIB : réforme du système de santé, suppression des interventions publiques dont l'efficacité n'est pas démontrée, réforme des politiques de logement, mutualisation des achats publics et externalisation de certaines tâches, facturation de certains services publics aux usagers, etc.

Les leviers possibles de réduction des dépenses portent sur l'allongement de la durée de vie au travail, la réduction de la masse salariale publique et des transferts sociaux, ou encore la modification des procédures budgétaires. Par ailleurs, d'après France Stratégie, des marges d'efficience existent dans l'enseignement secondaire, la santé et les retraites.

Les gouvernements sont confrontés à diverses difficultés dans la mise en œuvre des réformes :

– difficultés économiques : les réformes – pourtant bénéfiques à long terme – peuvent être néfastes à court terme pour l'emploi et la croissance ;

– difficultés politiques : le gouvernement n'aura peut-être pas le courage ou la possibilité de provoquer un tel bouleversement, du fait de l'importance du « coût politique » ;

– difficultés techniques : il est par exemple techniquement difficile de mettre en œuvre le plan de départs volontaires de fonctionnaires.

Malgré ces difficultés, au cours des 20 dernières années, l'Allemagne (en durcissant les prestations sociales et les retraites), la Suède (en réduisant les effectifs des fonctionnaires) et le Canada (en transférant des services au secteur privé) ont réussi à baisser leurs dépenses de respectivement 4, 14 et 11 points de PIB.

Quelles perspectives à moyen terme ?

L'environnement politico-économique de la France est caractérisé par une forte inertie : la culture, les normes sociales, la structure démographique, les choix de socialisation des dépenses, les préférences économiques ne se modifient que lentement.

L'exécutif éprouvera de grandes difficultés à mettre en œuvre une réforme en profondeur, longue, et structurelle (ex. réduction de l'effectif de la fonction publique, modification du statut des fonctionnaires, durcissement des emplois aidés, baisse des prestations de protection sociale, recul de l'âge de la retraite, etc.). Seul un choc permettrait une baisse substantielle des dépenses publiques : un choc économique (ex. baisse de crédibilité des finances publiques françaises conduisant à une hausse du taux d'intérêt des obligations souveraines) ou politique (ex. bouleversement politique).

Ainsi, dans les prochaines années, les gouvernements ne pourront vraisemblablement pas réduire significativement le niveau des dépenses publiques. Peut-être pourront-ils, par un redéploiement des dépenses, et en réduisant les inefficacités ci et là, « faire mieux » en maintenant le niveau des dépenses autour de 55 %.

La France devra alors notamment trouver son inspiration dans le capitalisme scandinave (Danemark) ou nordique (Finlande), dans lequel des dépenses publiques élevées sont compatibles avec des performances économiques et sociales supérieures.

19 La décomposition des dépenses publiques : qui dépense et en faveur de qui ?

Selon l'Insee, l'ensemble des dépenses publiques françaises étaient de 1 257 milliards d'euros en 2016. Cela représente 56,4 % du PIB de 2016, soit 9 à 10 points de plus que la moyenne des pays européens. Ces chiffres paraissent gigantesques en proportion et posent questions : comment le gouvernement et les administrations peuvent-ils dépenser autant ? Comment, par qui et à la faveur de qui sont dépensés les deniers publics ? À quoi servent-ils vraiment ?

Comment sont organisées les administrations publiques ?

Tout d'abord, distinguons les différentes formes d'administrations publiques. Les APU (Administrations publiques) sont composés de quatre grandes familles :

– l'État et les ODAC (Organismes divers d'administration centrale) sont rassemblés au sein des APUC (Administrations publiques centrales). Les ODAC regroupent les organismes financés par l'État pour la production d'un service public ou pour la mise en place d'une politique publique. Parmi les ODAC, on peut par exemple citer le CNRS, les universités, les bibliothèques et musées nationaux, Météo France, l'Office national des anciens combattants ;

– les APUL (Administrations publiques locales) rassemblent l'ensemble des administrations des communes, des départements et des régions. Elles incluent aussi les ODAL, qui sont le pendant local des ODAC et qui regroupent par exemple les collèges et lycées (les enseignants sont cependant payés sur le budget de l'État), les centres communaux d'action sociale, les chambres consulaires (d'agriculture par exemple) ;

– et les ASSO (Administrations de sécurité sociale) regroupent les hôpitaux, les régimes de sécurité sociale (dont le système de retraite de base et les allocations familiales par exemple), les régimes complémentaires de retraite et l'assurance chômage.

Quels montants et décompositions des dépenses publiques ?

Par nature de dépenses

Les administrations publiques dans leur ensemble ne consomment pas 1 257 milliards d'euros. 58 % de ces dépenses, soit 730 milliards (32,7 % du PIB), sont redistribués aux Français sous forme d'allocations et prestations.

Ainsi, les administrations publiques ne prélèvent « que » 23,7 % du PIB (soit un total de 527 milliards d'euros) pour assurer leur fonctionnement (5,5 %), la rémunération des fonctionnaires (12,7 %), les charges de la dette (1,9 %) et l'investissement (3,5 %).

Récapitulatif du niveau et de la répartition des dépenses publiques par nature de dépenses en 2016

	Montant (en milliards d'euros)	% du PIB	% des dépenses publiques
Toutes les dépenses publiques	1 257	56,4	100
Allocations et prestations	730	32,7	58,1
Fonctionnement	122	5,5	9,7
Rémunération des fonctionnaires	284	12,7	22,6
Charges de la dette	42	1,9	3,3
Investissement	79	3,5	6,3

Source : Insee (PIB en 2016 : 2 230 milliards d'euros), calcul de l'auteur.

Ainsi, l'ensemble des services des administrations publiques sont assurés avec 23,7 % du PIB (ou 42 % des dépenses publiques) et servent à trois postes :

– assurer le fonctionnement des administrations qui redistribuent 730 milliards d'euros ;

– assurer les services publics : l'éducation, la santé, la sécurité, la préservation du patrimoine, l'accompagnement au développement (économique, industriel…) ;

– assurer le fonctionnement des administrations politiques : représentation et salaire des femmes et hommes politiques, financement de la charge de la dette, production d'analyses.

Par type d'administration

L'État et les organismes qui y sont rattachés (ODAC) captent 35 % de la dépense publique, alors que les ASSO en captent 46 % et les APUL 19 %. L'État n'est donc pas le plus gros consommateur des dépenses publiques : sans surprise, ce sont les ASSO. Remarquons, dans le tableau ci-dessous, que l'État, les ODAC et les APUL distribuent, eux aussi, des allocations et prestations.

Récapitulatif du niveau et de la répartition des dépenses publiques par administration en 2016

	Montant (en milliards d'euros)	% du PIB	% des dépenses publiques
Toutes les dépenses publiques	1 257	56,4	100
État	365	16,4	29
ODAC	75	3,4	6
APUL	240	11	19
ASSO	578	26	46

Source : Insee (PIB en 2016 : 2 230 milliards d'euros), calcul de l'auteur.

Part des rémunérations et du fonctionnement pour chaque type d'administration

La question du nombre de fonctionnaires et donc de la masse salariale est un thème récurrent, de même que le coût de fonctionnement de chaque administration. Ces dépenses représentent 32,3 % des dépenses publiques, soit 18,2 % du PIB ou encore 406 milliards d'euros.

Sans surprise, le tableau ci-après montre que l'État arrive en tête. En plus de rémunérer son personnel, il a la charge de rémunérer les 900 000 enseignants. Ce sont cependant les APUL qui utilisent la plus grande part de leur budget à la rémunération et, de très loin, à l'investissement (transfert de l'État vers les APUL des fonctions d'investissement locales).

Part des rémunérations et du fonctionnement dans les dépenses par type d'administrations en 2016

	Rémunérations		**Fonctionnements**	
	%	**Milliards d'euros**	**%**	**Milliards d'euros**
État	25,3	121,1	5	23,7
ODAC	22,1	17,8	14,5	11,7
APUL	32	79,6	21,4	53,1
ASSO	11,2	65,1	5,7	33,5

Source : Insee (PIB en 2016 : 2 230 milliards d'euros), calcul de l'auteur.

Pourquoi d'autres pays ont-ils des dépenses publiques plus faibles que la France ?
Avant d'entrer dans un comparatif précis, il faut noter que les comparaisons internationales sont compliquées car chaque pays impute les dépenses à différents postes. Par exemple, l'Allemagne ne comptabilise pas les rémunérations du personnel des hôpitaux publics dans les postes budgétaires des administrations publiques allemandes, ce qui représente 1,3 % du PIB.

Malgré ces difficultés, nous pouvons proposer quelques comparaisons autour des deux notions suivantes :

– la différence, en point de pourcentage, des dépenses publiques de chaque pays pour chaque poste par rapport à la France ;

– la différence d'efficacité apparente de chaque pays, c'est-à-dire la part de la masse salariale nécessaire à un pays pour redistribuer les allocations et assurer les prestations par rapport à la valeur totale des dépenses publiques.

Différence de dépenses publiques (en % du PIB) entre plusieurs pays développés et la France en 2015

		Différence : « Pays » - France			
Pays	**Dépenses % du PIB**	**Dépenses totales**	**Rémunérations**	**Transferts sociaux**	**Autres**
Japon	41,8	- 15,2	- 7,1	- 7,7	- 0,4
Allemagne	44	- 13	- 5,4	- 5,2	- 2,4
Pays-Bas	45,3	- 11,7	- 4,1	- 7,6	0,1
Italie	50,6	- 6,4	- 3	- 4,6	1,2
Autriche	51,7	- 5,3	- 2,1	- 4,4	1,2
Luxembourg	42,2	- 14,8	- 4	- 7,9	- 2,9
Roy.-Uni	42,9	- 14,1	- 3,6	- 13,5	3
France	**57**	**0**	**0**	**0**	**0**
Grèce	54,3	- 2,7	- 0,6	- 4,6	2,5
Belgique	53,9	- 3,1	- 0,4	- 1,5	- 1,2
Moyenne	**47,1**	**- 9,9**	**- 1,9**	**- 8,9**	**0,9**
Portugal	48,3	- 8,7	- 1,6	- 9,1	2
Finlande	57,1	0,1	1	- 6,1	5,1
Suède	50,2	- 6,8	- 0,4	- 8,7	2,3
Irlande	29,6	- 27,4	- 5,5	- 19,2	- 2,7
Espagne	43,8	- 13,2	- 1,8	- 11,6	0,1
États-Unis	37,7	- 19,3	- 3,1	- 18,1	2
Danemark	54,8	- 2,2	3,2	- 8,7	3,4
Norvège	48,8	- 8,2	1,9	- 11,5	1,4
Canada	41,2	- 15,8	- 0,3	- 19,2	3,7

Source : *Tableau de bord de l'emploi public 2017*, France Stratégie, calcul de l'auteur.

D'après ce tableau, la France a en moyenne un niveau de dépenses publiques supérieur de 9,9 % du PIB par rapport aux autres pays développés. Cependant, cette différence est majoritairement expliquée par un niveau moins élevé d'allocations et de prestations sociales dans les autres pays. En d'autres termes, le surplus de dépenses publiques françaises s'explique plus par notre contrat social que par une masse importante des rémunérations du secteur public.

Part de la rémunération et des allocations et prestations dans le total des dépenses publiques (en %, 2015)

	Part dans le total des dépenses	
	Rémunérations	**Allocations et prestations**
Japon	13,9	61,5
Allemagne	17	64,1
Pays-Bas	19,4	57
Italie	19,6	56,9
Autriche	20,9	56,1
Luxembourg	21,1	60,4
Roy.-Uni	21,7	46,4
France	**22,6**	**58,6**
Grèce	22,7	53
Belgique	23,2	59,2
Moyenne	**23,4**	**52**
Portugal	23,4	50,3
Finlande	24,3	47,8
Suède	24,9	49,2
Irlande	25	48
Espagne	25,3	49,8
États-Unis	26	40,6
Danemark	29,4	45,1
Norvège	30,3	44,9
Canada	30,6	34,5

Source : *Tableau de bord de l'emploi public 2017*, France Stratégie, calcul de l'auteur.

Le tableau ci-contre montre cependant que l'Allemagne réussit à allouer une part plus importante de ses dépenses publiques aux allocations et prestations que la France, et une part moins importante aux salaires, tout comme le Japon, les Pays-Bas et le Luxembourg. Cela peut s'expliquer par un nombre réduit de fonctionnaires, ou des salaires moins élevés. Inversement, plusieurs pays ont une charge salariale importante, tout en redistribuant une moindre part de dépenses publiques en allocations et prestations (Canada, Norvège, Danemark, États-Unis par exemple).

Les dépenses publiques représentent en France 56,4 % du PIB en 2016. 58 % de ces dépenses (soit 32,7 % du PIB) sont redistribuées aux Français. Le reste, soit 42 % des dépenses (et 23,7 % du PIB) sert au fonctionnement, à l'investissement et aux salaires qui représentent 22,6 % des dépenses (soit 12,7 % du PIB). Si le niveau de rémunération est comparable à la moyenne des pays développés, la France distribue 6,5 points de ses dépenses en plus aux Français.

Pour diminuer les dépenses publiques (et donc diminuer les impôts) il semble donc nécessaire de questionner notre contrat social : voulons-nous un modèle redistributif ? Si oui, à quel niveau ? Car pour atteindre la moyenne des pays cités dans cette étude, les administrations publiques devraient certes baisser les rémunérations de 1,9 %, mais elles devraient surtout baisser de 8,9 % les versements directs aux Français.

20 Paradis fiscaux, multinationales, GAFA : la lutte contre l'évasion fiscale est-elle encore possible ?

Panama Papers, Paradise Papers, Offshore Leaks, Swiss Leaks… Depuis une dizaine d'années, les scandales d'évasion fiscale se sont succédé et ont été relayés abondamment par les médias. Au-delà de ces affaires retentissantes, la fraude fiscale est un phénomène en constante augmentation, et qui totalise selon différentes études plusieurs dizaines de milliards d'euros uniquement pour la France, un chiffre à l'échelle du déficit budgétaire de l'État (60 milliards d'euros en 2018, source Eurostat). En quoi consiste la fraude fiscale ? Quel rôle y tiennent en particulier les multinationales ? Comment taxer les entreprises du numérique – les fameux GAFA (Google, Amazon, Facebook, Apple) ?

Une fraude, quelle(s) fraude(s) ?

On estime qu'en France, environ un quart des pertes liées à la fraude fiscale est dû à la fraude à l'impôt sur le revenu, et un autre quart à la fraude à la TVA. Pour la première, la mise en place récente du prélèvement à la source devrait être un frein à la sous-déclaration des revenus, tandis que pour la seconde, la Commission européenne estime qu'elle fait perdre à l'État français 12 % de ses recettes de TVA chaque année, soit environ 21 milliards d'euros.

La fraude « *offshore* » représente toutefois la majeure partie de la fraude fiscale, pour les entreprises et les ménages les plus aisés. Ce type d'évasion fiscale consiste à placer des capitaux à l'étranger, dans des pays où la fiscalité est plus avantageuse et/ou la transparence sur les données bancaires et fiscales est limitée, ce qui complique la tâche du fisc français de détecter ce genre de fraude – ce sont les fameux « paradis fiscaux ».

Une prise de conscience sur ces paradis fiscaux s'est opérée après la crise financière de 2008, qui a révélé leur rôle dans l'« évacuation » des créances douteuses des banques. Une « liste noire » des paradis fiscaux non coopératifs a ainsi été dressée par l'OCDE pour la première fois en 2009, ce qui a abouti en 2014 à la signature d'accords entre 80 pays (dont la Suisse, le Luxembourg, les îles Caïmans, etc.) pour passer à l'échange automatique d'informations bancaires et fiscales. Si, grâce à ces efforts, les dépôts sur les comptes *offshore* ont diminué de 34 % en dix ans, l'organisation *Tax Justice Network* évalue entre 1 000 et 1 600 milliards de dollars les sommes qui y transiteraient encore chaque année.

Les multinationales, championnes de l'évasion ?

Si l'évasion fiscale des particuliers est rendue plus difficile par la levée progressive du secret bancaire, celle des multinationales reste largement plus problématique. L'OCDE chiffre ainsi entre 90 et 210 milliards d'euros l'évasion fiscale des multinationales dans le monde, ce qui représenterait de 4 à 10 % d'impôts sur les sociétés perdus par les États à l'échelle globale.

Profitant de la concurrence fiscale entre États, celles-ci exportent ainsi leurs bénéfices dans des territoires à fiscalité réduite, en jouant en particulier sur leurs différentes filiales. Selon CCFD-Terre Solidaire, les 50 plus grandes entreprises européennes détiendraient ainsi chacune en moyenne 117 filiales dans des paradis fiscaux. Le taux d'imposition des multinationales à l'échelle européenne s'en retrouve donc largement inférieur à celui des entreprises de plus petite taille.

Lancé en 2012, le projet BEPS (« *Base Erosion and Profit Shifting* ») de l'OCDE a ainsi été mis en place afin de lutter contre les stratégies de planification fiscale des multinationales. Parmi les mesures envisagées, un taux d'impôt minimal au niveau mondial serait une solution préconisée. En effet, une entreprise n'aurait ainsi plus d'intérêt à transférer ses bénéfices dans des territoires à fiscalité réduite, du fait que le différentiel d'impôt lui serait alors réclamé dans son pays d'origine. La réforme initiée par l'administration Trump obligeant toutes les entreprises américaines à régler un impôt de 13 % sur leurs profits à l'international va notamment dans ce sens.

Les GAFA, impossible à taxer ?

Le cas des GAFA, et plus largement des géants du numérique, reste toutefois un point majeur de blocage. En effet, les multinationales du digital proposent leurs services sur le web, et n'ont donc pas forcément besoin de présence physique dans les pays où elles opèrent, d'où une difficulté supplémentaire à évaluer leur activité, et plus de facilité à transférer leurs bénéfices vers les paradis fiscaux.

Au sein de l'Union européenne, la réglementation fiscale repose en effet sur le principe de l'établissement stable : une entreprise paie des impôts sur ses bénéfices réalisés dans les pays où elle est présente physiquement (employés, actifs corporels, etc.). Comme il n'existe pas pour le moment d'harmonisation fiscale au sein de l'Union européenne, ces entreprises installent donc leurs filiales européennes dans les pays proposant la fiscalité la plus avantageuse. Facebook et Google ont par exemple basé leur siège européen en Irlande, et Amazon au Luxembourg. Les géants du numérique se retrouvent ainsi en moyenne deux fois moins imposés que les autres entreprises en Europe.

Face à ce déséquilibre intra-UE, un projet de taxe sur les services numériques (TSN) a donc été présenté par la Commission européenne le 21 mars 2018, avec comme idée novatrice de taxer, non pas les bénéfices, mais le chiffre d'affaires généré par les activités numériques à hauteur de 3 %. Chaque État-membre percevrait donc des impôts en proportion de l'utilisation des services numériques par ses résidents. L'idée derrière ce projet est donc que c'est l'activité de l'utilisateur qui crée la valeur.

Quoiqu'efficace sur le papier, cette idée n'a toutefois jamais abouti. En effet, l'unanimité des ministres de l'Économie des 28 États-membres requise pour valider le projet n'a pas pu être obtenue, certains États (Irlande, Luxembourg) bénéficiant directement de ce système, et d'autres ayant également émis des réserves dans un contexte de tensions commerciales accrues (Allemagne et pays scandinaves). La moitié des 120 à 150 géants de la tech visés étant américains, le risque de représailles commerciales des États-Unis s'est en effet assez vite fait ressentir, alimenté par des menaces de rétorsions à coups de tweets ravageurs à l'encontre du secteur automobile allemand ou du vin français.

Une taxe sur le numérique *made in France* : à peine annoncée, déjà critiquée ?

Face aux échecs de tentative d'harmonisation fiscale au niveau européen, plusieurs pays ont alors pris les devants en commençant à mettre en place leur propre législation nationale, au premier lieu desquels la France. Voté dans la nuit du 8 au 9 avril 2019 à l'Assemblée nationale, le projet français prévoit une taxe de 3 % sur le chiffre d'affaires réalisé en France pour les entreprises qui réalisent un chiffre d'affaires sur leurs activités numériques de plus de 750 millions d'euros dans le monde et 25 millions d'euros en France. Seront visées les entreprises du numérique exerçant 3 types d'activités : vente de biens (Amazon, eBay, Wish, etc.), intermédiaire de services (Booking, Tripadvisor, Uber, etc.), publicité ciblée en ligne (Facebook, Google, Twitter, etc.). Selon le cabinet Taj, 27 entreprises dont 4 Françaises (Criteo, Meetic, Priceminister et Leboncoin) se retrouveront ainsi assujetties à la taxe GAFA française, rétroactivement au 1er janvier 2019.

Selon le ministère de l'Économie, cette taxe devrait ainsi rapporter 400 millions d'euros à l'État en 2019, puis 650 millions par an à partir de 2020. Toutefois, plusieurs réserves sont déjà émises la concernant.

En premier lieu, l'incidence fiscale de cette taxe est interrogée : en effet, de nombreux experts redoutent que les entreprises concernées ne décident tout simplement d'augmenter le prix de leurs services proportionnellement à la taxe, ce qui ferait peser le poids de l'impôt sur le consommateur final et pas sur l'entreprise comme espéré. La décision d'Amazon France d'augmenter les frais de vente sur son site de 3 % suite à la mise en place de la taxe ne fait que confirmer ces inquiétudes.

De même, la taxe GAFA ne concerne que les activités « numériques » des entreprises, et exclut donc leurs activités traditionnelles, qui peuvent être majoritaires pour certaines multinationales visées (Apple par exemple). L'organisation Attac évalue ainsi à 64 % le chiffre d'affaires cumulé des 5 principaux géants du numérique qui échappe à la taxe numérique à la française.

Et maintenant ?

Face au besoin général de réformer la taxation des multinationales, l'OCDE a été mandatée, avec l'appui du G20, pour trouver des solutions globales aux déséquilibres de la fiscalité évoqués ici. L'organisme basé à Paris se retrouve également en première ligne pour tenter d'aboutir à une concertation au niveau mondial suite aux échecs de l'Union européenne concernant une taxe GAFA unifiée. Mettre d'accord autant de pays n'est pas chose aisée, d'autant que chacun a peur que ses champions ne se retrouvent taxés lourdement sur leurs marchés à l'export, en particulier les pays qui exportent beaucoup – la France en premier lieu (LVMH, Sanofi, PSA, etc.).

Le 29 janvier 2019, 127 pays se sont finalement mis d'accord afin de travailler à une refonte de la fiscalité internationale, avec pour but de parvenir d'ici à 2020 à une solution globale permettant de mieux taxer les multinationales. Le projet a pour objectif de « créer un modèle de taxation pour le XXIe siècle », en se concentrant sur un taux d'impôt minimal à l'échelle globale, et une redéfinition du principe de l'établissement stable afin de s'adapter au cas des géants du numérique.

Et la France dans tout cela ? Au G7 de Biarritz (24 au 26 août 2019), Emmanuel Macron et Donald Trump ont annoncé avoir trouvé un terrain d'entente au sujet de la taxe GAFA française. Dès lors que l'OCDE aura trouvé un compromis sur une nouvelle fiscalité des géants du numérique, la taxe française sera supprimée, et d'après les propos du président français, « tout ce qui aura été payé sera déduit de cette taxe internationale ». Un accord est espéré au premier semestre 2020.

21 L'impôt sur les sociétés est-il le pire ennemi des entreprises ?

En 2013, Thomas Piketty a popularisé dans son ouvrage *Le Capital au XXIe siècle* la réflexion selon laquelle le tissu productif français aurait besoin d'une révolution fiscale. Cette dernière, promise et attendue, n'en est qu'à l'état d'ébauche, laissant un sentiment d'injustice et d'inégalités auprès de la population. Le sujet est parfois tabou face à un système complexe, des réformes incessantes, des médias et des politiques qui véhiculent maladroitement les biais méthodologiques ainsi que les controverses sans fin. En conséquence, l'opinion publique s'imprègne d'idées reçues plus que difficiles à déconstruire. Qui plus est, les différents sondages révèlent un véritable désamour entre les Français et le système fiscal, et le sentiment que les impôts sont systématiquement concentrés sur les classes moyennes et les PME, ce qui nous amène à nous interroger sur l'appréhension par les Français du système d'imposition sur les sociétés et sa réalité.

Quels sont les enjeux de la fiscalité des entreprises en France ?

Selon la définition de l'Insee, l'« impôt est un versement obligatoire et sans contrepartie aux administrations publiques. Il sert principalement à financer les dépenses publiques et peut constituer également un moyen de régulation de l'activité économique ». Cette imposition repose sur des prélèvements obligatoires, à savoir « l'ensemble des impôts et cotisations sociales prélevés par les administrations publiques et les institutions européennes ». Ainsi, elle alimente les ressources de l'État (impôts, cotisations sociales et taxes fiscales), lui permettant de réaliser ses dépenses.

Actuellement, la concurrence fiscale fait rage entre les États, notamment au sein de l'Union européenne, pour savoir qui attirera le plus d'investissements sur son territoire et saura répliquer en cas de moins-disant fiscal (la recherche d'un taux d'imposition sur les bénéfices le plus faible) chez les voisins. Cette compétitivité en termes d'investissements et d'emplois soulève alors de réelles interrogations quant à ses conséquences économiques. Tout d'abord, le risque de dumping fiscal, selon lequel à travail égal, il y a des écarts d'impositions des bénéfices des entreprises en fonction de leur lieu de domiciliation. Autre conséquence, l'expatriation des riches entrepreneurs, certes marginale, mais qui constitue un véritable problème de société car les montants transférés sont très importants et donc dommageables en termes de manque à gagner pour l'économie domestique.

La recherche de ces allégements d'impôts peut être un vrai choix de gestion d'entreprise, celui de l'optimisation fiscale, et est révélatrice d'une défiance à l'égard du système fiscal étatique. Le dumping fiscal (pratique d'une fiscalité nationale plus faible pour attirer les capitaux étrangers) peut paraître paradoxal car il permet, par ailleurs, de relancer l'emploi. Mais n'oublions pas que cela instaure une distorsion, non pas uniquement par rapport à l'étranger, mais aussi entre les différents statuts professionnels, comme par exemple les indépendants qui ne connaissent pas les mêmes taux d'imposition sur leurs bénéfices que les sociétés. Cela serait perçu comme une sorte de salariat obligatoire. Le triptyque enrichissement, liberté et responsabilité n'est ainsi pas systématiquement mis en œuvre par les entreprises.

Dans ce cas, le pays y trouve un avantage dans les chiffres du chômage, mais n'oublions pas que la distorsion fiscale par rapport aux pays étrangers peut également transparaître entre les différents statuts professionnels. En effet, les indépendants, ne vivant pas nécessairement la même situation fiscale que les salariés, pourraient connaître une concurrence déloyale. Dans ces conditions, on pourrait penser qu'un privilège est donné aux entreprises employant de nombreux salariés générant des capitaux plus importants que les travailleurs indépendants.

Contrecarrer les fausses idées sur la fiscalité des entreprises

L'idée selon laquelle la France serait la championne du monde des prélèvements obligatoires est souvent véhiculée. Remarquons tout d'abord qu'il y a quelques décennies, on parlait de contributions obligatoires et non pas de prélèvements, preuve que depuis les années 1980 s'est imposée une image négative de ce que représentent les impôts. Les contributions aux besoins de l'État pèsent effectivement sur les budgets des entreprises comme des contribuables, mais elles ont pour contrepartie un modèle social tout à fait singulier en France, qui permet à chacun d'accéder à des services qu'aucun ne serait en mesure ou dans la volonté de se payer individuellement. Ainsi, il ne faut pas oublier de parler des contreparties lorsque l'on aborde la question des prélèvements obligatoires.

Les entreprises sont à la recherche d'employés bien formés et en bonne santé. Pour cela, il faut nécessairement que l'État ait préalablement effectué des dépenses qui le permettent et qui entretiennent des infrastructures orientées dans cette direction sur le long terme. Il apparaît donc difficile de comparer de manière pertinente les taux d'imposition entre les différents pays, notamment avec les pays anglo-saxons qui s'appuient sur un modèle social privé, et où les prélèvements sont nécessairement plus faibles. Il en est de même pour le système de retraite. Statistiquement, l'interprétation des taux de prélèvements obligatoires seuls n'a donc que peu d'intérêt. L'exemple des pays nordiques prouve par ailleurs que des taux de prélèvements obligatoires bas n'empêchent pas d'avoir un système social de qualité et des résultats économiques prospères.

Pourtant, le fait que les entreprises françaises soient prises à la gorge par la fiscalité est à relativiser. Le système corporatiste d'État-providence, dans lequel on vit, est différent du système social-démocrate des pays nordiques. Le taux d'imposition affiché des entreprises françaises est de 33,3 %. En réalité, il est bien inférieur et surtout il existe une multiplicité de taux. Les petites et les moyennes entreprises sont imposées à hauteur de 15-20 % et les grandes entreprises autour de 10 %, après avoir bénéficié de niches fiscales et de divers dispositifs. Ces entreprises transnationales sont d'ailleurs à même d'aller étudier les différentes législations fiscales pour trouver le système le plus avantageux. Ce sont ainsi des dizaines de milliards d'euros qui sont perdus dans chaque pays chaque année.

Pour autant, relativisons la place de l'impôt sur les sociétés dans le budget des États, qui finalement ne contribue que peu au fonctionnement des infrastructures dont elles bénéficient pourtant. En effet, la collecte de leur fiscalité ne représente qu'un quart du budget de l'État. Les entreprises ont ainsi accès à des services publics qu'elles ne paient que partiellement, ce qui est d'autant plus le cas pour les grandes entreprises qui bénéficient pleinement des infrastructures.

Dans ce contexte, le taux d'imposition et l'attractivité d'un pays sont donc à considérer au regard de la qualité des infrastructures, des services publics et de la main-d'œuvre. Il ne faut ainsi pas confondre le taux nominal (affiché par les administrations fiscales) du taux effectif (autrement dit réel, corrigé de différentes exonérations). La base de revenus taxables est ainsi bien plus faible en France que ce que l'on croit, et par rapport à ce qui se pratique dans d'autres pays en raison de l'existence de niches fiscales. Elle reste donc dans la moyenne européenne. Une fois les crédits d'impôts enlevés, l'impôt sur les sociétés ne représente environ que 2 % du PIB en France, et est, de ce fait, bien plus faible que dans les autres pays d'Europe. En effet, depuis 1983, la France a mis en place le crédit d'impôt recherche pour soutenir les entreprises innovantes et développer l'emploi qui est depuis sanctuarisé comme un instrument essentiel d'attraction d'investisseurs étrangers et qui vient très largement réduire le taux nominal d'imposition.

Et pourtant, cette charge fiscale alimenterait un climat morose qui plomberait la compétitivité des entreprises françaises et découragerait toute initiative, poussant alors les entrepreneurs à la fuite ou à la fraude. C'est pourquoi les gouvernements nationaux y prêtent une attention particulière pour contenir la mobilité internationale et, de fait, les délocalisations d'activité. On s'interroge alors sur la nécessité de mettre en place un modèle social européen commun afin d'éviter ce dumping fiscal des prélèvements pour les entreprises.

Négliger l'assiette sur laquelle s'assoit l'impôt sur les sociétés et les allégements fiscaux ne permet en rien de comparer les systèmes fiscaux. Les stratégies françaises de déductions fiscales sont incitatives et n'ont pas d'équivalent en Europe : certaines provisions d'intérêts d'emprunts et certains amortissements réduisent l'assiette imposable. Si la France peut paraître avoir une administration et une fiscalité trop lourdes, elle reste la 6e puissance mondiale et la 2e européenne en termes de PIB. C'est un grand marché de consommateurs avec une forte fécondité et qui n'est pas à la traîne en matière de recherche et développement (2e européen et 6e mondial pour les dépôts de brevets internationaux).

Est-il vrai que certaines entreprises ne paient pas d'impôts ?

Dans un contexte où les entreprises du CAC 40 réalisent des profits toujours plus considérables, de nombreuses recommandations vont dans le sens d'un accroissement des prélèvements sur les sociétés et viennent questionner l'allégement possible du coût de la main-d'œuvre. De fait, il est important de faire la distinction entre les différents types d'impositions.

Les grandes entreprises supporteraient plus de prélèvements obligatoires que ce qu'elles devraient, proportionnellement à leur poids dans l'économie française.

En 2016, les entreprises du CAC 40, au cœur de la mondialisation financière, ont versé davantage d'impôts sur les sociétés qu'elles n'ont versées de dividendes aux actionnaires. Mais leur taux d'imposition ne se situe qu'autour de 8 % contre 22 % pour les PME et 28 % pour les TPE. Pour autant, le rapport Carrez (2010) montre que certaines entreprises réussissent effectivement à ne pas payer d'impôts. Mais rien ne certifie le chiffre de 8 % pour les entreprises du CAC 40, car il date d'une dizaine d'années et doit être relativisé. Depuis, les États ont fait en sorte de minimiser les écarts d'imposition entre petites et grandes entreprises.

Les méthodes de calcul ont évolué : soit on rapporte le montant de l'impôt sur les sociétés (IS) qui doit être payé à l'excédent net d'exploitation, soit on le rapporte au résultat net d'exploitation. Ainsi, une grande entreprise, qui achète de nombreuses licences et brevets, diminue son résultat net. Ce dernier calcul semble donc plus réaliste.

Le chiffre du taux d'imposition des sociétés dépend également de l'institut qui effectue les calculs : le Conseil des prélèvements obligatoires (CPO), l'OFCE… On présente ainsi souvent l'entreprise Starbucks, multinationale du café cotée au Nasdaq et au fort chiffre d'affaires, comme ne payant pas ses impôts. Domiciliée au Pays-Bas, elle ne verse pas d'IS en France puisqu'elle n'y déclare aucun bénéfice. Le lien entre maison-mère et filiale lui permet de mettre en place un principe d'optimisation fiscale. D'autres entreprises sont apparues comme utilisant des moyens légaux pour payer moins d'impôts, comme Total et les GAFA (Google, Apple, Facebook, Amazon).

L'OCDE, avec le projet BEPS, ainsi que le G20 s'attellent à lutter contre l'érosion de la base imposable et des transferts liés à l'optimisation fiscale. Mais dans le même temps, le capital étant nécessaire au schéma investissement-production-revenu-consommation, on peut considérer que ce capital est doublement imposé dans le système. L'objectif est ainsi d'instaurer une meilleure concurrence fiscale et finalement une convergence des taux.

Pour autant, ce type de pratique reste limité en France. Les conditions fiscales sont d'autant plus importantes que la réputation des entreprises s'y joue. Les niches fiscales sont traquées et diminuent. On ne peut plus reporter certains éléments d'année en année afin de diminuer son taux d'imposition que l'on manipule à coups de normes comptables. De plus, les grandes entreprises, dans leur quête de participation des salariés aux résultats, peuvent la déduire du bénéfice fiscal et sont beaucoup plus résilientes face aux effets démographiques.

Rappelons enfin que le taux d'imposition sur les sociétés sera progressivement diminué d'ici 2022 de 33 % à 25 %. Ce qui risque de renforcer encore le sentiment d'injustice des contribuables envers l'impôt. Ainsi, les impôts ne sont pas le pire ennemi des entreprises si l'on accepte de participer – *via* leur paiement – au fonctionnement du système et du régime de la société dans laquelle l'entreprise est installée.

22 Comment le big data peut-il aider à la conduite des politiques publiques ?

Volume, vélocité, variété : « 3V ». Telle est la définition du big data proposée en 2001 par l'analyste Doug Laney. Il s'agit donc de « données massives », nécessitant un traitement rapide, et qui sont d'une grande hétérogénéité. Le big data se développe rapidement grâce à l'accélération technologique : forte augmentation des capacités de calcul des ordinateurs et des capacités de stockage de l'information, développement de l'Internet des objets, etc.

Dans quelle mesure le big data impacte-t-il l'action publique, et en particulier le secteur de la protection sociale ? Quels sont les risques associés à cette révolution technologique ? Comment encadrer l'utilisation des données ?

Le big data impacte de nombreux secteurs de l'économie

Les données massives, une fois traitées grâce à des techniques d'exploration (*data mining*), permettent de révéler des corrélations statistiques complexes qui n'auraient pas pu être détectées par les outils traditionnels utilisés dans le cas de données plus modestes. Ces corrélations confèrent aux big data un caractère prédictif et la puissance des machines et des algorithmes (comme les réseaux de neurones) les dotent d'une capacité d'autoapprentissage, ce qui n'était pas (ou peu) le cas des statistiques classiques. Le développement de l'intelligence artificielle et celui du big data sont étroitement liés.

De nombreux secteurs sont impactés par le big data : assurances, commerce, publicité, génétique, santé (prévention et prise en charge des maladies, prédiction des épidémies, amélioration de la pharmacovigilance), administration publique (lutte contre la fraude effectuée par l'administration fiscale et par les organismes de protection sociale), etc. Les conséquences du big data sont également importantes en ce qui concerne la prévision macroéconomique. La constitution de grandes bases de données (données provenant des instituts statistiques nationaux ou « données alternatives » telles que des recherches Google, données produites par les satellites, les cartes de crédit, les sites de vente en ligne ou les réseaux sociaux) permet l'évaluation à haute fréquence du taux de croissance du PIB (*nowcasting*), de l'inflation ou de la consommation.

L'utilisation du big data par les organismes de protection sociale

Le big data provoque un bouleversement rapide et profond de l'économie et de la société contemporaines : les données sont de plus en plus individualisées et les activités de plus en plus numérisées et automatisées.

Les administrations publiques recourent aux technologies big data depuis plusieurs années et le secteur de la protection sociale n'échappe pas à cette lame de fond. Les données des secteurs sociaux et de la santé se caractérisent par leur volume important, leur fort potentiel mais également leur grande sensibilité, du fait de leur caractère confidentiel. Les organismes de protection sociale disposent d'une multitude de données. Celles-ci proviennent notamment des déclarations sociales des cotisants et des URSSAF, ainsi que de la DSN (Déclaration sociale nominative).

La CNAF (Caisse nationale des allocations familiales) a compté parmi les premiers à développer une stratégie numérique. Pour sa part, le Lab numérique de la Sécurité sociale a développé une approche pragmatique et expérimentale du big data. Les modifications technologiques permettent une réforme profonde des aides sociales, par exemple pour les aides au logement. Un champ immense s'ouvre pour la Sécurité sociale, dans son organisation interne comme dans les services qu'elle rend aux usagers. Au sein des organismes de protection sociale, l'objectif global du big data est de mieux piloter l'activité (augmenter la productivité, améliorer la qualité de service, etc.), dans le but *in fine* de mieux accompagner les allocataires.

La stratégie big data se décompose en trois objectifs principaux suivants.

Amélioration de la relation de service : automatisation, personnalisation, simplification

Grâce aux évolutions technologiques, la Sécurité sociale dématérialise de nombreuses prestations : tiers payant, retraites en ligne, disparition du guichet et des feuilles de soins papier, etc. Le versement des prestations est la première mission des CAF (Caisses d'allocations familiales). Or, la dématérialisation et l'automatisation du versement sont rendues possibles par la transformation des architectures informatiques : les échanges de données entre organismes permettent de simplifier et automatiser les démarches, et aussi de mutualiser leurs politiques de contrôle (DGFiP, Pôle emploi, etc.).

De surcroît, des prototypes applicatifs en construction serviront l'objectif d'amélioration du service aux usagers (privilégier un mode de contact, suggérer ou apporter des réponses personnalisées, etc.). Enfin, les technologies big data permettent de simplifier les démarches et mieux anticiper la situation des usagers, afin que ces derniers puissent « bénéficier de manière la plus juste » des prestations.

Maîtrise du risque de versement : « paiement à bon droit »

Le big data facilite le contrôle et la recherche d'erreur sur les dossiers ; que cette erreur soit défavorable à l'assuré (non-recours) ou favorable (fraude). Il permet une meilleure connaissance des comportements, ce qui améliore notamment le recours aux droits, mais pose des questions éthiques et des problèmes juridiques liés à la confidentialité des données et au consentement de leur utilisation.

Le croisement systématisé des données permet à la CNAF d'identifier des situations potentiellement frauduleuses. En 2018, les CAF ont ainsi détecté près de 45 000 fraudes, pour un montant de 305 millions d'euros.

Aide à l'information

Au sein de la CNAF, la mise en place de chatbot et du traitement automatique des messages a rendu possible la suggestion automatique de contenu. L'objectif est atteint puisque les nombres de mails reçus par la CAF ont été réduits.

À l'avenir, le développement de modèles innovants permettra sans doute de répondre automatiquement aux mails les moins complexes.

Des effets positifs tempérés par de fortes inquiétudes

Sous l'effet du big data, les politiques sociales se transforment. Alors que la lutte contre la fraude a constitué l'objectif premier des technologies big data au sein de la protection sociale, la lutte contre le non-recours au droit permet de lui donner une nouvelle légitimité et une image plus positive.

Les potentialités offertes par le big data sont nombreuses, ce qui pourra conduire à l'émergence de nouveaux outils de lutte contre la perte d'emploi, la pauvreté ou l'exclusion sociale. Certes, le big data rend atteignables les objectifs de gain de productivité et d'amélioration de la qualité du service rendu aux assurés. En outre, il permet d'améliorer l'évaluation des politiques publiques (ex. études gagnant/perdant pour la prime d'activité). Toutefois, l'interprétation des résultats peut être délicate pour l'humain car les algorithmes du big data fonctionnent parfois sans cadre d'analyse strict. À l'opposé, les statistiques classiques utilisent des données rigoureusement sélectionnées.

Des interrogations – voire des inquiétudes – se font jour, en ce qui concerne l'anonymisation des données ou le développement d'une « assurance maladie comportementale » et personnalisée, où les assurés menant une vie « saine » seraient financièrement récompensés. Le big data rend en effet possible la micro-segmentation, c'est-à-dire l'analyse des populations à des niveaux plus fins que ceux qui sont possibles par les analyses statistiques traditionnelles. De plus, les publics fragilisés ou qui maîtrisent mal les outils numériques sont susceptibles de ne pas être en mesure d'utiliser les nouvelles offres logicielles mises en place. Ainsi, le big data peut constituer une menace pour certaines solidarités existantes, et conduire à un accroissement des inégalités.

Un changement de culture s'opère au sein des organismes de protection sociale. Les enjeux sont importants : quels nouveaux services convient-il de développer ? L'individualisation du risque doit-elle être mise en œuvre ? Quel modèle de protection sociale pour le XXIe siècle est-il souhaitable ? Les organismes de protection sociale doivent mener une réflexion de fond pour tirer profit au maximum des possibilités offertes par le big data, et ce pour maximiser le service rendu aux assurés.

La révolution du big data n'en est qu'à ses prémisses, dans le domaine de la protection sociale comme dans le reste de l'économie. Le big data permet de renforcer l'élaboration, la mise en œuvre et l'évaluation des politiques publiques. Il modifie aussi le processus démocratique – notamment les campagnes électorales – et préfigure une transformation profonde de l'action publique, qui devient davantage personnalisée, prédictive, préventive et participative. Rigoureusement mis en œuvre, il peut être globalement bénéfique aux opérateurs publics, aux usages et aux allocataires. Mais il crée certainement des perdants auxquels il convient de porter attention et qui doivent être personnellement accompagnés.

Le big data nécessite de solides garanties quant à la sécurité des données et la finalité de la stratégie numérique. Les défis sont nombreux, le premier d'entre eux étant la protection des libertés individuelles. La Chine développe depuis 2014 un « système de crédit social » (SCS) : les citoyens sont notés en fonction de leurs actions, propensions à rembourser leurs dettes, diplômes, fréquentations, respect du code de la route, etc. Les Chinois les plus mal notés pourront se voir restreindre l'accès à certains emplois, services publics ou prestations sociales. En France, où les données sont strictement encadrées (RGPD) et où les contre-pouvoirs sont puissants (CNIL, Défenseur des droits, syndicats, lanceurs d'alerte, etc.), une telle entreprise ne pourrait pas être mise en œuvre.

Toutefois, la même question se pose : dans quelle mesure la technologie permet-elle de régler les problèmes sociétaux ?

23 Le pouvoir d'achat des ménages baisse-t-il vraiment en France ?

« Un bon salaire, un bon pouvoir d'achat, c'est bon pour la Sécu et c'est bon pour l'emploi. » Ce slogan, entendu lors des grèves de 1995 en France, aurait pu être repris lors du récent mouvement des « gilets jaunes », qui a fait de l'augmentation du pouvoir d'achat l'une de ses revendications centrales. Pourtant, le pouvoir d'achat des ménages en France mesuré par l'Insee a augmenté en moyenne de 1,4 % par an entre 2000 et 2018.

Alors pourquoi les Français ont-ils le sentiment que leur pouvoir d'achat est en baisse ? Les économistes en auraient-ils une autre définition ? Quelle en a été l'évolution en France depuis 2000, notamment en comparaison d'autres pays de la zone euro ? Peut-on réconcilier la notion de pouvoir d'achat mesurée par les économistes et celle ressentie par les Français ?

Qu'est-ce que le pouvoir d'achat ?

Le pouvoir d'achat du revenu disponible brut des ménages (RDB) est une grandeur macroéconomique calculée dans le cadre de la comptabilité nationale selon des règles harmonisées au plan international. L'Insee le définit comme la

« différence entre l'évolution du revenu des ménages, et l'évolution de l'indice des prix ». Il couvre la totalité des revenus perçus par l'ensemble des ménages résidant sur le territoire français, avec une répartition selon les différentes sources de revenus.

Le revenu disponible brut des ménages est ainsi décomposé entre les revenus d'activité, les revenus de la propriété et les revenus fonciers. On y ajoute les prestations sociales et on en retire les cotisations sociales et les impôts versés. L'évolution de l'indice des prix utilisé pour calculer le pouvoir d'achat des ménages est le déflateur (rapport entre les valeurs et les volumes) de la consommation des ménages. Cette définition du pouvoir d'achat est la plus couramment utilisée par les économistes pour analyser la conjoncture.

Comprendre le revenu des ménages
(entre parenthèses, poids dans le revenu des ménages en 2018)

(+) Ce que les ménages reçoivent	(–) Ce que les ménages versent
Revenus d'activité (86 %) – salaires – revenus des indépendants Revenus du patrimoine (6 %) – revenus de la propriété (intérêts, dividendes, revenus d'assurance vie) – revenus fonciers Prestations sociales (36 %) – pensions de retraite – indemnités de chômage – autres allocations	Cotisations sociales et impôts versés (28 %) – impôts sur le revenu – CSG – taxes foncière, d'habitation – autres

Quelle a été l'évolution du pouvoir d'achat des ménages en France depuis 2000 ?

Le pouvoir d'achat ainsi calculé a augmenté de 1,2 % en 2018, après 1,4 % en 2017 et 1,6 % en 2016. Depuis 2000, il a donc progressé de façon quasi ininterrompue, en moyenne de 1,4 % par an, et a baissé uniquement en 2012 et 2013. Néanmoins, il a progressé nettement plus vite avant la crise (+ 2,4 % par an en moyenne entre 2000 et 2007) que depuis lors (+ 0,8 % par an en moyenne entre 2008 et 2018).

Entre 2000 et 2007, le pouvoir d'achat des Français a été soutenu par la hausse des revenus d'activité et, dans une moindre mesure, des prestations sociales, malgré une inflation relativement élevée (1,9 % par an en moyenne). Il a ensuite nettement ralenti dans le sillage de la crise et a même baissé en 2012 et 2013, sous les effets cumulés d'une faible hausse des revenus d'activité et de la hausse de la pression fiscale (voir graphique ci-contre). Il s'est redressé en trois temps depuis 2014 : d'abord, essentiellement grâce à l'inflation très faible en 2014-2015, dans le sillage de la baisse du prix du pétrole ; ensuite, grâce à la progression des revenus du travail et notamment des créations d'emplois importantes en 2016 et 2017 ; enfin, la hausse des revenus du patrimoine conjuguée à celle des revenus d'activité a permis de compenser la remontée de l'inflation.

Décomposition de la croissance
du pouvoir d'achat des ménages (en %)

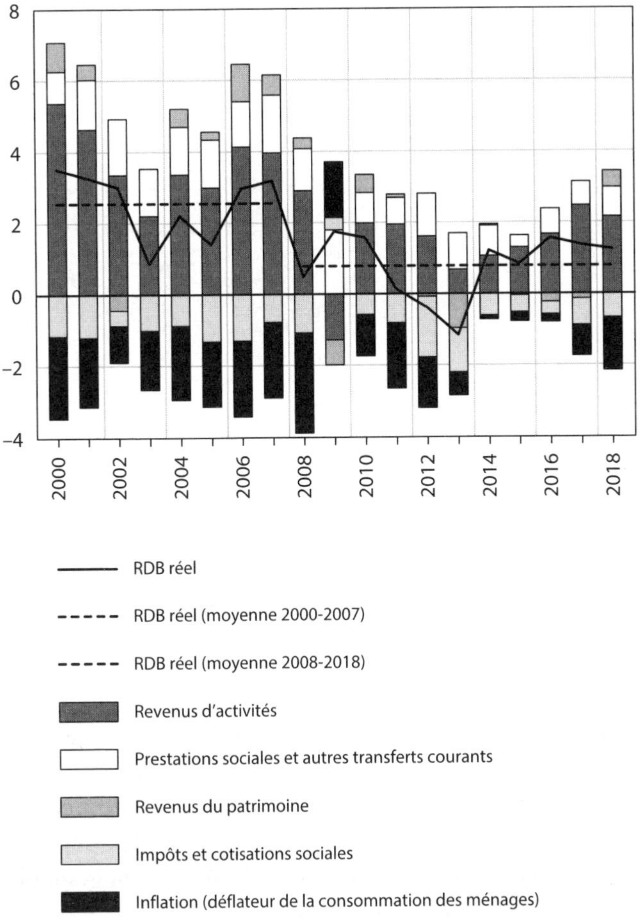

Source : Insee, comptes nationaux trimestriels,
calculs de l'auteur.

Pouvoir d'achat, pouvoir d'achat « arbitrable », pouvoir d'achat au niveau individuel

La définition du pouvoir d'achat utilisée par les économistes est doublement limitée car elle ne permet pas de mesurer l'évolution individuelle moyenne du pouvoir d'achat, ni de tenir compte du « ressenti » des ménages.

Pour répondre à la première critique, l'Insee mesure un pouvoir d'achat par unités de consommation (UC), considérant la taille des ménages et la mise en commun de dépenses au sein d'un foyer.

Face à la deuxième critique, l'Insee calcule un pouvoir d'achat arbitrable par UC en déduisant du revenu certaines dépenses de consommation jugées difficilement renégociables à court terme par les ménages, et capable de prendre en compte les « dépenses pré-engagées » : dépenses liées au logement (loyers, eau, gaz, électricité), services de télécommunications, frais de cantines, services de télévision (redevance, abonnement à des chaînes payantes), assurances et services financiers. En 2018, elles représentaient 29 % du revenu des ménages.

Une hausse des dépenses contraintes qui pèse sur le pouvoir d'achat arbitrable des ménages, surtout des plus pauvres

Si le pouvoir d'achat mesuré par les économistes a augmenté de façon quasi ininterrompue depuis 2000, la perception d'une partie des Français est cependant assez différente. Une des explications réside dans la hausse des dépenses « pré-engagées », c'est-à-dire difficilement renégociables à court terme. Celles-ci sont passées de 12 % lors de la première mesure de cette série en 1959 à près de 30 % en 2018, réduisant la part arbitrable du revenu.

Depuis 2000, elles ont augmenté de 2 points de pourcentage, la part du logement comptant désormais pour 23 % du revenu des ménages. Les assurances, services de télévision et communication et cantines représentent 6 % du revenu des ménages.

Depuis 2000, le pouvoir d'achat des ménages français a augmenté plus vite que celui de ses voisins européens

En comparant l'évolution du pouvoir d'achat des ménages français à celui de ses voisins européens entre 2000 et 2018, il ressort qu'il a plus progressé en France (+ 29 %) qu'en Allemagne (+ 20 %), qu'en Espagne et en moyenne en zone euro (+ 18 %) ou qu'en Italie (+ 1 %, voir graphiques ci-après). Ce constat est toutefois à nuancer lorsqu'on calcule le pouvoir d'achat par habitant : celui-ci n'a augmenté que de 18 % depuis 2000 en France, un rythme similaire à celui de l'Allemagne, mais bien supérieur à celui de la zone euro, de l'Espagne et de l'Italie où il a même baissé (– 5 %).

En particulier, le recul du pouvoir d'achat observé après la crise de 2007-2008 est nettement plus marqué en Espagne et en Italie qu'en France ou en Allemagne où il n'a pas baissé. C'est seulement en 2017 que le pouvoir d'achat par habitant a retrouvé son niveau de 2007 en zone euro, par rapport à 2015 en France. Il ne l'a toujours pas retrouvé en Espagne et en Italie. Ainsi, entre 2008 et 2018, le pouvoir d'achat par habitant a progressé de seulement + 2 % dans l'ensemble de la zone euro, mais de + 5 % en France et + 10 % en Allemagne.

Évolution du pouvoir d'achat des ménages (en % du RDB des ménages, indice 100 = 2000)

Pouvoir d'achat des ménages (total)

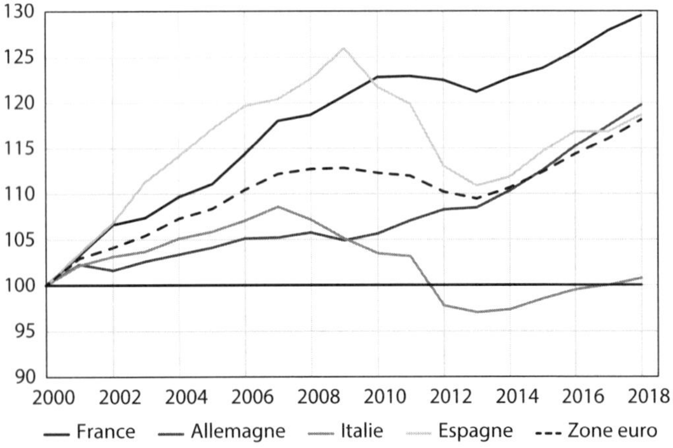

Note : ménages et ISBLSM.

Pouvoir d'achat des ménages (par habitant)

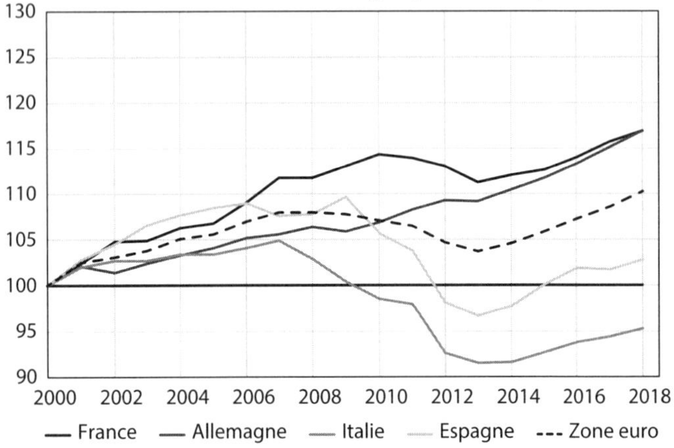

Note : ménages et ISBLSM.

Source : Eurostat.

Poids des dépenses pré-engagées : des situations très hétérogènes selon le niveau de vie

La Direction de la recherche, des études, de l'évaluation et des statistiques (DREES) s'est intéressée au poids des dépenses pré-engagées dans le budget des ménages en fonction de leur niveau de vie. Elle montre que la part des dépenses contraintes dans le RDB des ménages est d'autant plus forte que leur niveau de vie est faible : cette part varie de 23 % pour les ménages aisés à 61 % pour les ménages « pauvres » (niveau de vie inférieur au seuil de pauvreté fixé à 60 % du revenu médian, soit 930 euros par mois en 2011).

En particulier, la part des dépenses contraintes dans le revenu des ménages « pauvres » a augmenté de 6 points de pourcentage entre 2001 et 2011, tandis qu'elle a peu varié pour les ménages aisés. Les écarts entre ces deux catégories de ménages se sont ainsi fortement creusés en une décennie. La DREES explique que les trois cinquièmes de cette hausse sont imputables à celle des loyers : d'une part du fait du renchérissement des loyers (parc social et privé), d'autre part en raison de l'augmentation des locataires parmi les ménages « pauvres ». L'accès à la propriété est devenu d'autant plus difficile que les prix immobiliers ont plus que doublé entre 2001 et 2011 (+ 102 %), alors que le pouvoir d'achat des ménages n'a augmenté en moyenne que de 19 % sur la période. La DREES souligne ainsi qu'après les factures et la nourriture, il ne reste que 180 euros aux 10 % les ménages plus pauvres, contre 1 890 euros pour les ménages « aisés » (niveau de vie supérieur à 2 100 euros par mois).

Le pouvoir d'achat des ménages français – total ou par habitant – a augmenté de façon quasi ininterrompue depuis l'année 2000 et plus rapidement que chez ses principaux voisins européens, même si cette hausse a été beaucoup plus modérée depuis la crise. Néanmoins, la hausse de la part des dépenses contraintes dans le revenu des ménages, en particulier des plus pauvres, a conduit à une baisse de la part du revenu arbitrable, qui pèse sur le ressenti des Français.

En 2019, le pouvoir d'achat des ménages français progresserait de l'ordre de 2,3 % (prévision Insee et Banque de France de juin 2019), soutenus par la bonne tenue des revenus du travail, une inflation modérée et les mesures d'urgence économiques et sociales. C'est plus que la progression observée en Italie au cours de ces vingt dernières années.

N.B. Le lecteur souhaitant aller plus loin pourra se référer au dossier Insee Références 2019, « Quelle(s) mesure(s) du pouvoir d'achat ? » de Sylvain Billot et Alexandre Bourgeois.

24 Faut-il instaurer un revenu universel ?

La dernière présidentielle a introduit un débat sur le revenu universel. Pour autant, évitons l'illusion de la nouveauté comme souvent en matière d'économie, car les préoccupations qu'il soulève sont débattues, et pas uniquement en France, depuis la fin du XVIIIe siècle sous la plume de Marx et Rawls. L'intérêt majeur de ce débat est qu'il voit s'accorder des partisans hétéroclites et transdisciplinaires : les théoriciens du marché (les monétaristes, économistes ultralibéraux) qui promeuvent l'impôt négatif (Milton Friedman, *La liberté du choix*, 1980), les objectifs incitatifs de liberté individuelle avec, à l'opposé des économistes, sociologues, philosophes, politistes utopistes, anticapitalistes luttant contre l'exploitation et favorables au collectivisme. Il s'agit donc de différencier l'angle idéologique de l'angle pratique car c'est un sujet qui divise au-delà des préoccupations financières et fiscales.

Ce regain d'attention est-il justifié ?

Qu'est-ce que le revenu universel et quels sont ses enjeux ?

Le revenu universel, dit aussi de base inconditionnel (RBI), est un montant mensuel garanti, versé de façon individuelle et sans conditions. Il s'agit d'un idéal qui consiste à remplacer tout ou partie des transferts sociaux de l'État auprès d'une population nécessitant un soutien à vie, sans conditions.

L'OCDE le définit comme « un transfert public universel, accordé de manière inconditionnelle et individuelle qui exigerait un alourdissement de la fiscalité et des réductions des prestations existantes, sans être nécessairement un outil efficace pour réduire la pauvreté ».

En France, la part de la protection sociale dans l'ensemble des dépenses françaises représente environ 32 % du PIB. Malgré l'importance de ces dépenses, le taux de pauvreté, certes moindre que ceux des pays européens comparables, y reste élevé (environ 14 % de la population en 2018). En France, comme dans l'Union européenne à 15, le taux de pauvreté à 60 % du revenu médian (le revenu tel quel que 50 % gagne moins et 50 % gagne plus) le plus fort concerne la catégorie des 18 ans à 24 ans qui n'ont pas le droit au RSA car ils sont étudiants, chômeurs ou à la charge des parents.

Pourtant, notre système fiscal apparaît comme important avec en contrepartie un système social développé : des services publics (écoles, hôpitaux), des prestations universelles (santé, famille) d'assurance sociale (retraite, chômage), d'assistance (minima sociaux, prestations familiales sous conditions de ressources). Face à des difficultés de fonctionnement (financement des dépenses croissantes notamment), la question de la refonte du modèle de la protection est sous-jacente en France. Le revenu universel pourrait-il alors compenser la suppression des diverses allocations sous conditions de ressources ou de taille du ménage ?

L'expérimentation du revenu universel est ainsi motivée en France par l'impasse dans lequel se trouve le système socio-fiscal. Ce RBI repose sur un niveau très élevé de redistribution en même temps qu'il accorde une grande confiance dans les décisions et les choix individuels qui, eux, relèvent d'un mécanisme très libéral. Pourtant, le manque de résultats sur les conséquences d'une telle mesure est un véritable frein à la réforme et à sa généralisation à l'échelle du territoire.

L'étude la plus connue à ce sujet est celle de Marc de Basquiat et Gaspard Koenig qui envisagent un « Liber » de 450 € par adulte et 225 € par enfant. Pour financer cela, ils estiment qu'il faudrait uniformiser le taux d'imposition sur le revenu et la CSG à 23 % pour tous et ainsi supprimer les niches fiscales. Le versement se ferait de manière automatique afin d'éviter tout effet de stigmatisation, et permettrait que la plupart des familles voient leur situation s'améliorer. Toujours selon les auteurs, le financement de ce revenu universel est un faux problème car il s'agirait d'une substitution à d'autres transferts.

Les arguments pour

L'objectif principal est de lutter contre les inégalités. En effet, si 10 % des Français sont considérés comme pouvant bénéficier de minima sociaux et que seulement 10 % d'entre eux se sont inscrits pour les recevoir, cela ne permet pas de lutter pleinement contre la misère sociale. En revanche, ce revenu social automatique permettrait un taux de recours plus important et corrélativement de meilleures conditions de vie, un regain de croissance potentielle pour l'économie, davantage de justice sociale, un meilleur rapport au travail en différenciant salaire et travail.

Les partisans du revenu universel avancent des arguments qui viennent à l'encontre du système paternaliste et inquisiteur, en accordant plus de place à l'autonomie et en libérant le travail des salariés, qui pourraient avoir une capacité de négociations plus forte. Les travaux pénibles seraient mieux payés, sinon ils seraient refusés pour préférer vivre avec le RBI qui permet ainsi d'introduire un degré de liberté supplémentaire dans la société.

Cela induit un changement radical de la société et de la place du travail. Chaque individu aurait libre choix d'organiser son temps comme il le souhaite. Même le statut de la femme au foyer serait revalorisé. Ceux qui voudraient gagner davantage continueraient à travailler, alors que ceux qui aspireraient à avoir davantage de temps libre pourraient tout de même survivre dans la société. Par ailleurs, dans ce contexte mouvant, l'instauration du revenu universel permettrait d'anticiper la fin du travail et l'avènement de la robotique, sachant qu'aujourd'hui l'automatisation remplace déjà 10 % des emplois. Les personnes sans ressources seraient libérées de la contrainte du travail, vivraient plus sereinement des périodes de chômage et cela permettrait d'enclencher un processus d'insertion sur le marché du travail différent, laissant davantage de choix aux individus. Enfin, il s'agirait d'une véritable politique en faveur de la jeunesse, quand on sait que le taux de réussite des étudiants, qui doivent travailler à côté de leurs études, est divisé par deux par rapport aux autres.

Cela peut paraître simple et efficace face à des problèmes sociaux durables comme le mal-logement, la délinquance et le chômage. En plus d'améliorer le système actuel de production sociale injuste et inefficace, car il fait face à des litiges, des indus et des non-recours, l'instauration du RBI pourrait également avoir d'importantes répercussions sur le contenu des échanges marchands, la place de la monnaie ainsi que les prélèvements obligatoires.

Les arguments contre

Les détracteurs du revenu universel sont en revanche particulièrement virulents et dénoncent les futurs effets néfastes et l'irréalisme d'un projet complexifiant qui existe déjà. En effet, leur principal argument est la remise en cause des acquis de la protection sociale pour un résultat redistributif totalement incertain, une option peu sérieuse selon eux. Cette allocation universelle s'apparente à une mesure de politique sociale extrêmement ciblée qui nécessite des informations très précises, donc coûteuses, pour être efficace. Ils la considèrent comme une forme d'assistanat qui hyper-responsabilise chacun sans pour autant considérer les individus comme étant capables d'assumer la fin du système assurantiel et assistanciel français. L'adaptation du système administratif serait d'ailleurs particulièrement longue. Ainsi, le RBI est perçu comme une incitation à l'oisiveté.

La figure de l'oisif a été théorisée par John Rawls (*La théorie de la justice*, 1971) qui s'inspire de Thorstein Veblen (*La théorie de la classe de loisir*, 1899) : il personnifie ce problème d'incitation et retour sur investissement pour la société à travers l'image du surfeur de Malibu qui passerait toute sa journée sur la plage sans rien apporter à la société.

Ces arguments ne sont pas très éloignés de ceux qui considèrent que les chômeurs n'ont aucune envie de retrouver un emploi. Ainsi, un tel combat politique pour l'adoption d'un revenu universel aurait pour conséquence de mettre le travail au second plan. Il s'agirait donc d'un faux débat, et il faudrait davantage mener une réflexion qui permette d'éliminer systématiquement les désincitations. Il y aurait par conséquent un risque de désastre économique avec un financement irréaliste et compliqué tant décrié et par ailleurs une potentielle vague d'immigration massive, attirée par ce système social favorable et peu répandu.

Des expérimentations : progrès social ou utopie ?

Les dernières études sur le RBI ont démontré des résultats à peu près similaires à ce que l'on a avec les allocations actuelles. Alors pourquoi tout changer ? Cette piste reste intéressante car elle permet de répondre à d'autres questionnements et de donner aux populations une indépendance monétaire.

Ce projet n'est d'ailleurs plus totalement utopique puisqu'il est l'enjeu de très nombreuses collectivités territoriales en France comme ailleurs. Ainsi, dans le cadre du projet de loi des finances 2019, 13 départements demandent à l'expérimenter. Des associations cherchant à sensibiliser et à encourager à une réflexion portant sur autre chose que les minima sociaux ont choisi de donner 1 000 € de septembre 2018 à septembre 2019 à « 5 expérimenteurs ». Cette révolution idéologique n'est donc pas qu'un changement sur le papier. De nombreux projets forfaitaires financés par l'impôt sur le revenu existent déjà. L'argument de Benoît Hamon n'apparaît pas *ex nihilo.*

En effet, l'Inde ou le Kenya ont tenté de le mettre en place pour améliorer les conditions de vie des populations, l'Iran et l'Alaska en vue de partager les rentes pétrolières, l'Allemagne en 2012 mais aussi plus récemment la Finlande. Les Finlandais ont expérimenté le RBI en 2017 en le distribuant à 1 000 demandeurs d'emploi tirés au sort, âgés de 25 à 68 ans. À la place de l'allocation chômage, 560 € par mois leur ont été versés pendant 2 ans. Mais les autorités ont été peu convaincues par l'expérience, ne constatant pas de retour à l'emploi.

Pour autant, la justice sociale est difficile à mettre en place, et les effets de ces aménagements sur le long terme restent inconnus. L'objet est imprécis, de nombreux scénarios ont été envisagés avec des versions plus ou moins généreuses et substitutives aux transferts sociaux déjà existants. En 2016, l'Observatoire français des conjonctures économiques (OFCE) a ainsi cherché à évaluer l'impact financier d'une telle mesure en France. Afin de conserver les effets bénéfiques des minima sociaux actuels, il estime qu'un revenu universel devrait être d'au minimum 785 € pour un adulte, 1 100 € pour une personne âgée et handicapée et 315 € pour un mineur. Cela correspond à des dépenses supplémentaires proches des 500 milliards d'euros. Une partie pourrait être démonétarisée (droits d'accès à des ressources, des services). Le financement, qui ne semblait pas un problème de prime abord, est en réalité la cause de nombreux rétropédalages, d'autant que cela demanderait de généraliser les conditions de redistribution. De plus, résumer toutes ces considérations dans un seul outil, le RBI, en le comparant au PIB, peut paraître difficile et discutable.

Finalement, la limite entre pratique et idéologie soulève sur ce sujet de nombreuses interrogations quasi insolubles qui devraient encore susciter de nombreux débats dans les années à venir.

25 Les banques ne prêtent-elles qu'au CAC 40 ?

Les banques ne prêteraient qu'aux entreprises du CAC 40. Derrière cette assertion se cache l'idée d'une inégalité de l'accès au financement qui privilégierait les très grands groupes internationaux au détriment du tissu d'entreprises plus petites comme les très petites entreprises (TPE), les petites et moyennes entreprises (PME) ou encore les entreprises de taille intermédiaire (ETI). Ces dernières sont pourtant essentielles au bon fonctionnement de l'économie, créent de l'emploi et sont les principales actrices de l'innovation française.

Les entreprises françaises mobilisent aujourd'hui près de 1 000 milliards d'euros de crédits, soit près de 50 % de l'ensemble du produit intérieur brut (PIB) du pays. Ces encours sont répartis dans plus d'un million de sociétés sur les 3,4 millions qui existent en France, soit 30 % du tissu productif français. Mais 100 % des grands groupes ont accès à l'emprunt bancaire. Alors les banques ne prêtent-elles vraiment qu'aux grandes entreprises ?

Pourquoi les entreprises empruntent-elles ?

L'emprunt bancaire est la principale source de financement des entreprises en France. Mais ce type de financement est particulièrement adapté au financement à moyen ou long terme, tel que le crédit d'équipement (3 à 5 ans), le crédit d'investissement (7 ans) ou encore le prêt immobilier (15 ans). Cela suppose donc que l'établissement de crédit ait confiance en la viabilité de l'entreprise et une visibilité sur les capacités de remboursement du débiteur sur un horizon long.

Ce type de financement apparaît dès lors comme peu adapté à des entreprises jeunes ou de petite taille, ou encore celles qui interviennent sur un marché incertain, comme les business de disruption, en définitive, les entreprises innovantes !

Lorsqu'on note que plus de 99 % des entreprises françaises sont des micro-entreprises, c'est-à-dire de moins de 10 salariés, et que le taux de pérennité des entreprises, soit leur capacité à poursuivre leur activité, après la cinquième année est de 50 % (autrement dit, la moitié des entreprises disparaissent au bout de 5 ans !), on comprend aisément que l'emprunt bancaire apparaît inadapté pour un grand nombre d'entreprises.

Néanmoins, face à un marché aussi important, les banques sont évidemment en mesure de proposer des solutions de financement adaptées à toutes les entreprises, et en financent d'ailleurs une immense majorité.

Y a-t-il d'autres solutions que l'emprunt ?

Le financement le plus commun est la facilité de caisse, aussi appelé le découvert bancaire. Il consiste à accorder une capacité de financement au-delà de la trésorerie disponible de l'entreprise sur une courte durée. Une alternative moins coûteuse consiste à avancer des créances de l'entreprise. On parle alors d'affacturage. En effet, lorsqu'une entreprise émet une facture à ses clients, l'argent n'est pas disponible immédiatement. Les banques proposent alors de racheter ces factures afin d'avancer l'argent aux entreprises et récupèrent l'argent directement auprès du client de l'entreprise financée, en général dans les 3 mois qui suivent l'émission de la facture. Enfin, on citera le plus vieux métier de la banque : l'escompte commercial. Cette opération bancaire consiste à transférer les effets de commerce à la banque en contrepartie de leur règlement immédiat.

Ces types de financement s'avèrent particulièrement adaptés au financement de court terme.

Afin de se financer sur le plus long terme, les jeunes entreprises n'auraient que rarement accès aux crédits d'équipement ou au crédit immobilier. Mais les banques peuvent leur proposer un autre type de financement, assez particulier : le crédit-bail.

Le crédit-bail mobilier implique que la banque soit propriétaire d'un bien qui est mis à disposition d'une entreprise (par exemple, le banquier finance le parc informatique d'une PME, ou encore la flotte automobile d'une société de transport). Les entreprises peuvent donc profiter de l'usage des équipements avec le plus souvent une option d'achat à l'issue d'une période définie au contrat. Ce type de financement est plébiscité par les banques dans la mesure où, dans le cas d'une défaillance de l'entreprise, elles peuvent en tant que propriétaires du bien procéder à sa liquidation, et donc récupérer le fruit de leur investissement initial. Il s'agit là de crédit dit sécurisé.

De même, dans le cas du crédit-bail immobilier, le bien financé est un bien immeuble. La banque procède alors à la mise à disposition de locaux commerciaux, usines ou autres entrepôts, nécessaires au bon fonctionnement de l'entreprise. L'entreprise paie ainsi ses loyers à la banque propriétaire du bien. Dans le cas où l'entreprise prospère, elle a alors la possibilité de lever une option d'achat du bien afin d'en acquérir la propriété pleine et entière. Dans le cas contraire, la banque peut procéder à la liquidation du bien, ce qui limite le risque de crédit (risque qu'un client n'honore pas ses engagements induits par un prêt immobilier, l'échéancier de crédit).

Les solutions existent, mais les petites entreprises y ont-elles accès ?

La Banque de France regarde de très près les indicateurs d'accès au crédit des PME et des TPE. Alors que la demande de crédit en août 2018 a atteint des sommets, 95 % des PME obtiennent tout ou partie des crédits d'investissement, et 87 % leurs crédits de trésorerie. Ainsi, lorsqu'on compare avec les autres États européens, la France apparaît comme un pays où l'accès au crédit bancaire est le mieux favorisé.

Les encours de crédits mobilisés connaissent une bonne dynamique, et les taux bas garantissent aux entreprises des financements accessibles et peu coûteux, avec les taux les plus bas de la zone euro (moins de 2 % en 2018).

La faille : le financement de l'innovation

Le financement bancaire est donc particulièrement adapté lorsque le bien financé apparaît peu risqué. Il suppose que l'on puisse prévoir de futurs *cash-flows* (c'est-à-dire une rentrée d'argent qui servira au remboursement du crédit) ou que l'on ait des garanties sur le remboursement du crédit (le bien financé est liquide, valorisé avec peu d'incertitude et la demande de ce bien clairement installée sur un marché). Or, dans le cas du marché de l'innovation, aucun de ces critères d'accession au crédit n'est rempli. Et c'est encore pire si l'innovation est dite fondamentale ou « de rupture ».

Ce qui apparaît alors comme une inégalité de l'accès au financement entre les grands groupes diversifiés et les jeunes entreprises innovantes (JEI) relève en fait de la capacité des grandes entreprises à transférer les bénéfices réalisés sur les business rentables vers les filières innovantes. On parle alors d'autofinancement, et c'est la principale source du financement de l'innovation. Les JEI, par définition, n'ont pas accès à ces transferts financiers dans la mesure où elles sont fortement spécialisées. On parle alors de *PowerPoint Company*, c'est-à-dire que les dirigeants présentent leur projet mais ne sont pas encore au stade de la production pérenne ou même du prototype, et le *business plan* reste très théorique.

Afin de financer ces entreprises, il s'agit de développer des financements alternatifs au crédit bancaire. Les investisseurs peuvent être de grandes entreprises, mais aussi des fonds d'investissement privés ou encore ce qu'on appelle des *business angels*, des particuliers fortunés qui investissent dans les projets innovants.

Lorsqu'on regarde en détail l'accès au crédit bancaire, on se rend compte que l'ensemble des entreprises y ont accès. Grandes et petites entreprises ont le choix parmi une palette de produits à même de financer des projets peu risqués, pour garantir le bon fonctionnement du cycle de vie des entreprises. En revanche, l'innovation, elle, ne peut être financée par le crédit bancaire classique. Quand les grands groupes profitent de leur structure pour garantir un volume d'investissement suffisant, les plus petites entreprises doivent trouver des financements alternatifs, publics ou privés, afin de développer de nouvelles activités ou de nouveaux produits.

26 Faut-il s'inquiéter de la hausse de la dette privée en France ?

> « Les désastres économiques sont presque toujours précédés d'une forte augmentation de l'endettement des ménages. »
> (Atif Mian et Amir Sufi, *House of Debt*, 2014)

Si le débat autour de l'endettement public est bien connu, la question de l'endettement privé reste plus confidentielle. Pourtant, les chiffres sont éloquents. En France, la dette des ménages et des entreprises a ainsi crû deux fois plus vite que celle du PIB depuis 2010. L'endettement privé s'élève désormais à 132 % du PIB, soit une hausse de près de 20 points en huit ans. Doit-on s'en inquiéter ?

L'endettement remplit une véritable fonction économique : il s'agit de mieux allouer les ressources entre ceux qui les ont déjà et ceux qui ne les ont pas encore. Par ailleurs, l'endettement actuel semble rationnel vu le niveau des taux d'intérêt. Leur baisse a mécaniquement augmenté la capacité d'emprunt des agents : à revenu constant, ils peuvent désormais rembourser des mensualités plus élevées. Mais l'endettement rend aussi l'économie plus vulnérable…

Aux origines des cycles financiers

Il y a toujours une incertitude sur la capacité d'un emprunteur à effectivement honorer sa dette. C'est le rôle du banquier de s'assurer qu'il est solvable, et de gérer l'incertitude en diversifiant ses contreparties. Cependant, la variation de la manière dont les prêteurs vont appréhender ces risques pourra être à l'origine de cycles financiers, ce qui peut se comprendre de deux manières.

La première revient à tenir compte des fameux « esprits animaux » (*animal spirits*) de J. M. Keynes. Les agents se comportent de manière irrationnelle et imprévisible et leur comportement collectif peut mener à des équilibres auto-réalisateurs, c'est-à-dire indépendants des fondamentaux de l'économie (productivité, préférences). Une telle dynamique est particulièrement volatile puisque l'équilibre peut se renverser sans cause apparente.

La deuxième consiste à considérer que si l'économie évolue bien en fonction de ses fondamentaux, les agents peuvent avoir des incitations qui vont mener à un équilibre instable. C'est ainsi le cas de ce que les économistes appellent l'externalité pécuniaire : les investisseurs peuvent ne pas maîtriser l'effet de leurs actions sur les prix. En cas de panique sur les marchés, ils vont tous chercher à revendre leurs titres, faisant ainsi chuter brutalement les prix lors de ventes précipitées (*fire sales*). L'environnement de taux bas peut aussi inciter les banques à une prise de risques excessive. En cas de limites basses sur leurs coûts de financement (comme la difficulté à rémunérer les dépôts des ménages à des taux nominaux négatifs), la baisse des taux peut inciter les banques à prendre plus de risques pour maintenir leurs marges : c'est le problème dit de la recherche de rendement (*search for yield*).

Les populations les plus vulnérables portent le risque

La forte augmentation de l'endettement (et non du prix des actions) est particulièrement problématique. En effet, dans le cas d'un cycle d'endettement, les porteurs de risque seront les populations les plus vulnérables. Dans *House of Debt* (*Maison de la dette*), publié en 2014, Atif Mian et Amir Sufi rendent compte en détail des mécanismes ayant provoqué la crise financière de 2008. En particulier, ils remarquent que si l'explosion de la bulle Internet au début des années 2000 a entraîné des pertes de richesse d'un montant similaire pour l'économie américaine (autour de 5 000 milliards de dollars), elle n'a pas du tout eu les mêmes conséquences macroéconomiques.

La première crise s'est traduite par un simple ralentissement de la croissance de la consommation des ménages, tandis que cette dernière s'est effondrée de 8 % entre 2007 et 2009. Le premier choc a été encaissé par les ménages aisés détenant les actions des sociétés technologiques, tandis que le second a été porté par des ménages plus pauvres et endettés.

Or, une perte de richesse a beaucoup plus d'impact sur un ménage pauvre. Ce dernier va être contraint d'ajuster à la baisse sa consommation, afin de reconstituer son épargne. Pour une entreprise vulnérable, la perte de richesse se traduit surtout par des difficultés accrues de financement : la valeur des biens qu'elle peut utiliser en garantie de ses prêts devient plus faible et limite donc sa capacité d'emprunt. Enfin, ces populations sont également les plus susceptibles de faire défaut en cas de crise. Il s'agit donc de comprendre comment ont évolué les taux d'endettement et la solvabilité des ménages et des entreprises, en particulier parmi les populations vulnérables.

Un ratio d'endettement des ménages en hausse

En France, l'endettement des ménages s'élève à 60 % du PIB en 2018 (1 400 milliards d'euros), soit légèrement au-dessus de la moyenne de la zone euro (58 %), mais il a augmenté de 7 points de PIB depuis 2010, là où ce ratio a baissé de 6 points chez nos voisins. À titre de comparaison, la dette des ménages s'élève toutefois à des niveaux bien plus élevés aux États-Unis (102 % du PIB) et au Royaume-Uni (87 %). L'essentiel de cet endettement, à hauteur de 1 000 milliards d'euros, correspond à des crédits immobiliers. La hausse des ratios s'est ainsi accélérée en France à partir de 2015 avec la reprise du marché immobilier.

Le nombre de transactions devrait en effet atteindre un pic supérieur à 1 million en 2019, bien au-delà de la moyenne en vigueur depuis les années 2000 autour de 800 000. La fraction de ménages endettés s'est remise à augmenter en conséquence. Le prêt moyen a également augmenté, du fait à la fois d'une baisse marquée des apports initiaux et de la hausse de la capacité d'emprunt des ménages qui les fait se reporter sur des biens plus onéreux. Cela se traduit par une augmentation forte du ratio d'endettement à l'octroi des ménages : il dépasse 5 années de revenus, en hausse de 1 an depuis 2015. Malgré cela, la hausse des taux d'efforts, définis comme le ratio entre la charge de la dette et les revenus du ménage emprunteur, n'a été que légère, la baisse des taux compensant la hausse du prêt moyen. Comme les taux sont fixes, les ménages ne sont d'ailleurs pas exposés à une remontée des taux : ce sont les banques qui portent ce risque. Ces tendances sont les mêmes pour les primo-accédants, généralement considérés comme les emprunteurs les plus vulnérables : leur taux d'endettement augmente fortement, mais leur solvabilité ne se dégrade que légèrement.

Des entreprises exposées au risque de remontée des taux

L'endettement des entreprises françaises s'élève, quant à lui, à 73 % du PIB en 2018 (1 700 milliards d'euros), soit 11 points au-dessus de la moyenne de la zone euro, et en hausse de 12 points depuis 2010. Contrairement aux ménages, les entreprises ont deux solutions pour s'endetter. La première est d'obtenir un crédit auprès d'une banque. La deuxième consiste à émettre des titres de dette et à les vendre directement à des investisseurs (fonds de dette, assureurs). En France, les grandes entreprises s'endettent majoritairement par titres (74 % de leur encours), tandis que les PME dépendent du crédit (99 % de leur encours). Ces dernières années, la croissance de l'endettement des entreprises a plutôt été tirée par l'endettement obligataire des grandes entreprises, même si le crédit aux PME est aujourd'hui devenu le plus dynamique.

En utilisant les comptes nationaux, on constate qu'une part significative de la dette a servi à financer l'accumulation de liquidités à l'actif des entreprises, soit par précaution, soit afin de faciliter leur croissance externe. Ensuite, l'augmentation des acquisitions transfrontalières pèse artificiellement sur le ratio dette sur PIB. Dans ce cas, l'entreprise s'endette en France, mais la valeur ajoutée (donc le PIB correspondant) est effectuée à l'étranger. Une fois corrigé des liquidités et de l'activité internationale, on constate ainsi que le levier des entreprises, défini comme le ratio de leur dette sur leurs fonds propres, est resté stable. Il faut toutefois ne pas oublier que les fonds propres pourraient aussi être survalorisés et biaiser ce levier vers le bas.

Comme pour les ménages, la hausse de l'endettement a compensé la baisse des taux et la solvabilité des entreprises ne s'est que légèrement détériorée. On ne constate pas non plus de dérive de la capacité de repaiement des entreprises les plus vulnérables. Toutefois, il existe deux différences fondamentales avec la situation des ménages. D'une part, la prépondérance de l'endettement à taux variable : près de 40 % de l'endettement des entreprises est à taux variable. La hausse des encours expose donc plus fortement les entreprises à une remontée des taux. D'autre part, l'existence de très grandes entreprises pose un problème de stabilité financière particulier, du fait du montant de dette qu'elles doivent – plus de 60 milliards d'euros pour EDF seule – et de leur importance dans les tissus économiques locaux.

La période actuelle est donc caractérisée par une forte hausse de l'endettement. La baisse des taux a permis de stabiliser la solvabilité du secteur privé, mais au prix d'une exposition plus forte à une remontée des taux pour les emprunteurs à taux variables, et les prêteurs à taux fixes. L'endettement élevé des ménages génère aussi un risque macroéconomique, dans la mesure où le poids de la charge de la dette pèserait sur la consommation en cas de retournement de conjoncture. La situation ne semble donc pas aussi critique qu'à la veille de la dernière crise, où les conditions d'octroi aux ménages les plus vulnérables (*subprimes*) s'étaient fortement dégradées. En revanche, elle est préoccupante, dans un univers où les filets de sécurité de l'État sont affaiblis par son haut niveau d'endettement, et où les risques macroéconomiques globaux se multiplient.

27 Pourquoi y a-t-il encore des bulles ?

Les économistes, ils ne servent à rien. Ils n'ont même pas réussi à prévoir l'éclatement de la bulle immobilière en 2008 !

Derrière cette critique souvent faite aux économistes, se cachent en réalité deux grandes questions : comment peut-on détecter les bulles en temps réel ? Et comment peut-on combattre la formation de ces bulles, en supposant alors qu'il ait été possible dans un premier temps de les identifier ? Alors, sur le papier, cela peut paraître très simple. Lorsque le prix d'un bien ou d'un actif financier augmente très rapidement, comme par exemple au moment du boom de l'Internet des années 2000 ou sur le marché immobilier américain entre 2000 et 2006, on est forcément en présence d'une bulle. Et pour la combattre, la banque centrale peut facilement calmer la hausse des prix en augmentant les taux d'intérêt. Mais en réalité, ces deux assertions sont très incomplètes, voire même fausses sous certaines conditions.

Essayons de comprendre pourquoi.

Qu'est-ce qu'une bulle ?

Une bulle se définit comme l'écart entre la valeur fondamentale d'un actif et le prix observé sur le marché. La détection d'une bulle implique donc d'avoir un référentiel qui permet de distinguer ce qui est normal de ce qui ne l'est pas, ce qui est rationnel de ce qui ne l'est pas. En finance, cette mesure de normalité est appelée « valeur fondamentale » ou « valeur intrinsèque ». Une hausse de prix peut donc être qualifiée de bulle uniquement lorsque le prix d'un actif dépasse durablement sa valeur fondamentale. Un mouvement de prix à la hausse, aussi fort et rapide soit-il, n'est donc pas forcément synonyme de bulle. On parle de bulle seulement lorsque la hausse des prix n'est pas liée à une hausse de la valeur fondamentale. Par exemple : supposons qu'une innovation technologique améliore significativement les perspectives de bénéfices dans le secteur agricole. Dans ce cas, l'augmentation des prix des entreprises du secteur est totalement rationnelle et reflète simplement les anticipations des agents. Et c'est là qu'arrive une nouvelle grande difficulté : comment déterminer la valeur fondamentale d'un actif ? Et comment définir si des variations de prix sont rationnelles ou non ?

À ce propos, Eugène Fama, prix Nobel d'économie en 2013 et père de la théorie de l'efficience des marchés, a une vision légèrement excessive mais qui montre bien la complexité du sujet. Selon lui, le doublement des prix de l'immobilier entre 2000 et 2006 aux États-Unis et l'effondrement à partir de 2007 étaient en réalité totalement imprévisibles car ils ont été causés par une intégration rationnelle d'informations nouvelles et une modification des anticipations des agents économiques à cause de la récession. Pour lui, tout est donc cohérent avec l'hypothèse d'efficience des marchés au sens semi-fort. Il déclare même ne pas savoir ce qu'est une bulle, et estime que le terme « bulle » est devenu populaire mais n'a en réalité pas vraiment de sens.

En mettant de côté la vision purement rationnelle (et un peu extrême) d'Eugène Fama, le consensus actuel peut se résumer en reprenant les propos de deux ex-banquiers centraux : Jean-Claude Trichet, ex-gouverneur de la Banque centrale européenne, et Ben Bernanke, ex-président de la Réserve fédérale américaine. Selon Jean-Claude Trichet, les bulles existent (c'est déjà un bon point), mais il est extrêmement difficile de les identifier avec certitude, et quasiment impossible d'atteindre un consensus sur le fait qu'une hausse de prix d'un actif particulier doit être considérée comme une bulle ou non. L'idée est la même pour Ben Bernanke, pour qui la difficulté de l'identification des bulles en temps réel est liée entre autres à la complexité de la détermination de la valeur fondamentale d'un actif.

Comment déterminer la valeur fondamentale d'un actif ?

Mais pourquoi est-ce si difficile de déterminer la valeur fondamentale d'un actif ? Pour simplifier, cette valeur est déterminée par les flux futurs générés par cet actif et par la prime de risque demandée par les investisseurs, ce qui, pour certaines entreprises ou certains types d'actifs, peut s'avérer extrêmement difficile à évaluer.

Par exemple, comment estimer les bénéfices futurs, sur les cent prochaines années, des géants actuels du secteur technologique (Google, Amazon, Facebook, Alibaba, Microsoft) ? Est-ce normal, ou rationnel, que la valorisation d'Amazon soit de plusieurs centaines de milliards de dollars, alors que l'entreprise est à peine rentable à l'heure où ces lignes sont écrites ? Et donc y a-t-il une bulle sur les nouvelles technologies comme ce fut le cas à la fin des années 2000 ?

Eh bien, en temps réel, c'est extrêmement difficile à dire. La valeur intrinsèque de ces entreprises dépend des anticipations de bénéfices et de la variation de la prime de risque, qui elles-mêmes dépendent de l'évolution de la concurrence, de la régulation, de l'émergence de nouvelles technologies, et de centaines d'autres facteurs souvent imprévisibles.

À chaque fois que le prix d'un actif augmente très fortement, comme depuis quelques années dans le secteur technologique, deux camps s'affrontent. D'un côté, les partisans du nouveau modèle, affirmant que les anciennes règles d'évaluation ne s'appliquent plus, que « cette fois-ci, c'est différent », et donc qu'il faut absolument acheter l'actif en question avant que le prix n'augmente encore plus. De l'autre côté, les disciples de l'irrationalité des marchés, expliquant que la situation n'est pas tenable, et qu'il faut vendre au plus vite avant de tout perdre. Le problème pour le second groupe est que, comme l'a dit John Maynard Keynes, « le marché peut rester irrationnel plus longtemps que vous ne pouvez rester solvable ».

En effet, il ne suffit pas de dire qu'un actif est surévalué pour pouvoir en profiter. Il faut être capable d'évaluer précisément quand la bulle va exploser. Cette dernière difficulté est d'ailleurs très bien illustrée dans le film d'Adam McKay *The Big Short : le casse du siècle* (2015). Dans ce film, un gestionnaire de fonds spéculatif parie sur l'écroulement du marché immobilier américain en 2005 et se retrouve très proche de la faillite à cause d'une accumulation de pertes dans un premier temps, alors que sa vision était pourtant la bonne à long terme (le marché immobilier ayant continué à augmenter avant de s'effondrer fin 2007).

Comment peut-on combattre les bulles ?

L'identification d'une bulle est donc déjà une tâche très complexe. Mais imaginons un monde idéal dans lequel la banque centrale serait capable d'identifier parfaitement les bulles : pourrait-elle alors facilement empêcher leur formation et éviter l'instabilité financière ?

L'arme classique d'une banque centrale est le taux d'intérêt. En cas de surchauffe de l'économie, une banque centrale peut théoriquement augmenter ses taux directeurs pour renchérir le coût du crédit et calmer la hausse des prix. Mais en période de bulles, les attentes des investisseurs sont parfois tellement importantes qu'une hausse de taux d'intérêt risque de n'avoir qu'un effet très limité sur la demande d'actifs. Par exemple, si vous pensez que le prix de l'immobilier va augmenter de 15 % par an pendant 10 ans, une hausse du taux directeur de 0,25 point n'aura quasiment aucun effet sur votre désir d'achat immobilier.

Pour réellement changer le comportement des investisseurs, il faudrait alors de multiples hausses de taux (plusieurs points), avec les risques que cela implique. L'une des difficultés de l'utilisation du taux directeur est en effet que cet outil affecte l'ensemble de l'économie et l'ensemble des classes d'actifs, alors qu'une bulle est très souvent localisée à un actif ou un secteur particulier (technologique, immobilier, crypto-monnaies…). De plus, comme l'illustre la règle de politique économique de Tinbergen en 1952, un instrument, ici le taux directeur, ne doit servir qu'à un seul objectif. Et dans la grande majorité des cas, comme par exemple pour la Banque centrale européenne, cet objectif est la stabilité des prix, et non la stabilité du système financier.

Avant la crise financière de 2007, la « croyance conventionnelle » au sein des banquiers centraux était que la stabilité des prix permettait de promouvoir par la même occasion la stabilité du système financier. Mais cette croyance a depuis volé en éclats. Il est désormais largement accepté que l'instabilité du système financier puisse avoir des conséquences désastreuses sur l'économie réelle, et qu'il est important de mettre en place de nouveaux outils de prévention.

Le taux d'intérêt et la politique monétaire n'étant pas des instruments suffisants de lutte contre l'instabilité financière, quels sont les outils à disposition des décideurs politiques ? Eh bien c'est là qu'arrive la politique « macroprudentielle ». L'objectif de cette politique est de limiter la surchauffe de l'économie et d'augmenter la résistance du système financier face aux chocs. Parmi les nouveaux outils proposés dans ce cadre, les mesures contracycliques permettant d'éviter l'emballement du crédit en période de boom économique, comme par exemple en limitant la capacité d'endettement des agents ou bien en obligeant les banques à détenir davantage de fonds propres en période de croissance, semblent particulièrement bien adaptées pour combattre les bulles de crédit.

Tout cela a bien évidemment un coût en termes de perte potentielle de croissance à court terme mais ce coût peut être vu comme une assurance à long terme, qui permette d'atténuer les conséquences potentiellement dévastatrices de l'explosion d'une bulle sur l'économie réelle.

Et maintenant ?

Alors bien sûr, il existera toujours des bulles. Le prix d'un actif étant fonction de l'offre et de la demande, les esprits animaux, la soif de rendement et les comportements moutonniers peuvent entraîner la formation de bulles durant certaines périodes et sur certains actifs, comme ce fut le cas fin 2017-début 2018 sur le marché des crypto-monnaies. Mais tant que la bulle reste limitée à un actif particulier et ne remet pas en cause l'ensemble de la stabilité du système financier, finalement ce n'est pas si grave. La formation, puis l'éclatement d'une bulle entraîneront son lot de gagnants et de perdants, mais si cela reste un simple jeu financier à somme nulle, il n'y a pas de raison de s'inquiéter. En revanche, lorsqu'une bulle remet en cause la stabilité financière et peut se propager à l'économie réelle, il est alors nécessaire de combattre sa formation en amont, même si cela n'est pas parfait, difficile, et même si cela implique un coût à court terme.

Avant la crise financière, on évoquait souvent le fait que le remède était pire que le mal, c'est-à-dire que combattre la formation des bulles était en réalité plus coûteux que de « nettoyer » le marché après l'explosion d'une bulle en injectant des liquidités pour faire repartir l'économie. Espérons que le nouveau remède à base de politique micro et macroprudentielle sera désormais plus efficace que le mal, et ce malgré la mise en place de politiques monétaires ultra-accommodantes depuis le début de la crise financière et l'afflux massif de liquidités dans le système et qui a habituellement tendance à créer des bulles.

Affaire à suivre…

28 Où investir ses économies ?

Dans le cadre de la gestion financière de ses économies, un épargnant dispose d'un choix important de placements financiers. Toutes ces possibilités d'investissement ne se ressemblent pas, notamment en matière de rentabilité espérée, de risque ou encore de liquidité.

Alors, où investir ses économies ?

Rentabilité, risque, liquidité : retour sur des notions clés

La rentabilité espérée d'un placement financier correspond au rendement moyen de l'investissement attendu sur une longue période de détention. Le risque afférant à un investissement financier fait référence à l'incertitude régnant sur la rentabilité espérée de l'investissement. En pratique, plus un investissement est risqué, plus la probabilité d'obtenir un rendement éloigné (à la hausse ou à la baisse) de la rentabilité espérée est importante. Enfin, la liquidité matérialise la facilité de vente d'un placement financier. Concrètement, plus la liquidité d'un placement est importante, plus la cession de l'investissement est rapide.

Un compromis nécessaire entre rentabilité, risque et liquidité

L'investisseur doit réaliser un compromis entre rendement, risque et liquidité. À titre d'illustration, si la personne recherche un rendement important, elle doit alors nécessairement accepter une prise de risque élevée et/ou très peu de liquidité. Au contraire, si elle ne souhaite pas prendre de risque (c'est-à-dire être certaine de la rentabilité financière) et être en mesure de céder très rapidement son placement, elle est dans l'obligation d'accepter un rendement de son investissement extrêmement faible (parfois même négatif ces derniers temps). Avant toute décision de souscription d'un placement, l'investisseur doit ainsi exprimer ses attentes en matière de rendement, risque et liquidité. Il lui est donc nécessaire au préalable de s'informer sur les spécificités des divers investissements s'offrant à lui.

Avantages et inconvénients des principaux placements

En vue d'un choix d'investissement éclairé, les caractéristiques des principaux types de placements sont ici présentées.

La liquidité à l'état pur : le compte courant

Extrêmement liquide, le compte courant n'offre aucun rendement et « aucun risque » de perte en capital (sauf faillite de la banque). Dans le but de se protéger au mieux contre une hypothétique faillite bancaire (telle qu'observée par exemple il y a quelques années à Chypre), et même si les dépôts bancaires sont garantis par l'État avec un plafond de 100 000 €, il est préférable d'ouvrir un compte courant auprès d'une banque témoignant d'une des plus grandes solvabilités et liquidités du marché français. Il en est de même pour les livrets.

L'épargne simple et accessible : les livrets réglementés

Les livrets réglementés (livret A, livret jeune, LDDS, LEP, PEL, CEL, LEE), extrêmement liquides (exceptions faites pour le PEL et le LEE), sont réputés « sans risque » de perte en capital et procurent une faible rémunération (mais positive en valeur). Néanmoins, il convient de raisonner en taux d'intérêt réel, c'est-à-dire de déduire du taux de rendement net (d'impôts et prélèvements sociaux) le taux d'inflation. À titre d'illustration, le taux d'intérêt du livret A était de 0,75 % en 2018. Or, cette même année, l'inflation s'est élevée à 1,8 % d'où une perte finale d'un peu plus de 1 % ! Les livrets réglementés peuvent en conséquence engendrer une perte de pouvoir d'achat à son détenteur. Ce raisonnement est également valable pour les comptes courants, livrets bancaires et certains contrats d'assurance vie (fonds en euros).

Les produits d'appel éphémères : les livrets bancaires

Les livrets bancaires non réglementés sont « sans risque » (sauf faillite de la banque) et font parfois l'objet d'offres promotionnelles : leur rentabilité est « boostée » durant quelques mois pour ensuite être abaissée très significativement ! Dans certains cas, ils sont illiquides pendant une période déterminée.

Le placement star : l'assurance vie (fonds en euros)

L'assurance vie (fonds en euros) est réputée liquide et sans risque (sauf faillite de l'assureur). Elle procure des rendements peu importants (la rentabilité diffère suivant les contrats) mais historiquement globalement supérieurs à ceux des livrets. En outre, à la lumière des faibles rendements expliqués par les taux d'intérêt bas, il paraît important de souscrire son contrat auprès d'un organisme d'assurance prélevant des frais de gestion limités et disposant de « réserves » (provision pour participations aux bénéfices, réserves de capitalisation et plus-values latentes) substantielles.

Par ailleurs, il est conseillé de rechercher un rendement garanti contractuellement parmi les meilleurs du marché. Aussi, afin d'éviter toute perte en cas de crise exceptionnelle et malgré l'existence d'un fonds de garantie protégeant l'épargne dans la limite de 70 000 euros, il est préférable de souscrire un contrat auprès des organismes d'assurance les plus solvables du marché français.

Pour les indécis : les fonds monétaires

Les fonds (OPCVM) monétaires souscrits *via* une assurance vie (unités de compte), un plan d'épargne entreprise (PEE), un plan d'épargne retraite (PER)... sont extrêmement liquides et très peu risqués. En effet, leur rémunération est indexée sur un taux court terme (procurant des rendements négatifs depuis plusieurs années d'où une perte « certaine »). Aussi, suivant la structure juridique d'accueil du fonds, il convient d'être vigilant sur la capacité à disposer librement de l'argent placé. En effet, dans certaines situations (PEE, PER...) l'épargne est bloquée pendant plusieurs années. Cependant, il est possible de réaliser des arbitrages, c'est-à-dire de céder des parts de fonds pour en acquérir d'autres. Cette remarque est également valable pour toutes les autres possibilités d'investissement (achat d'obligations, d'actions...) *via* des fonds.

Les dettes d'États ou d'entreprises : les fonds obligataires

Les fonds obligataires souscrits *via* une assurance vie (unités de compte), un PEE, un PER… sont habituellement liquides et moyennement risqués (cependant des pertes annuelles non négligeables peuvent être observées). En période de taux d'intérêt bas, les rendements attendus sont généralement faibles. Une hausse des taux d'intérêt importante et non anticipée pourrait également engendrer des pertes substantielles. En effet, une augmentation des taux engendre, toutes choses égales par ailleurs, une baisse du prix de marché des obligations composant les fonds diminuant ainsi leur valorisation.

Une passion française : l'immobilier

L'immobilier (achat de sa résidence principale ou à but d'investissement) est risqué et procure des rendements historiquement importants. Sa liquidité dépend notamment du dynamisme du marché de l'immobilier (cependant, le processus de vente d'un investissement immobilier, en particulier physique, est très lent).

La forte hausse des prix de l'immobilier observée dernièrement dans certaines villes (par exemple + 7,8 % en 2018 pour les appartements anciens à Lyon) ne garantit en aucun cas des performances semblables dans le futur. Des crises immobilières ont par exemple été observées assez récemment dans le monde (aux États-Unis, en Espagne). Ce dernier point est extrêmement important car la psychologie naturelle des investisseurs individuels leur « joue souvent des tours » : les particuliers ont caricaturalement tendance à acheter les actifs (actions, immobilier, or…) au plus haut (en raison notamment des actualités médiatiques faisant état de forts rendements passés) et à vendre au plus bas (s'expliquant par une panique lors de la survenance d'une crise). Aussi, le marché immobilier français a connu ces trente dernières années d'importantes variations de prix (tant à la hausse qu'à la baisse).

À titre d'illustration, d'après les statistiques publiées par l'Insee, les appartements parisiens ont perdu 29 % de leur valeur entre 1992 et 1998 mais ont bondi de 96 % entre fin 2001 et fin 2007 ! Ainsi, il convient d'être particulièrement vigilant sur de potentiels argumentaires commerciaux de professionnels pouvant occulter dans leurs statistiques de rendement certaines périodes défavorables.

Pour les optimistes : les actions

Les actions cotées dans des pays dits « développés » (achetées en direct *via* un PEA, compte titre ou bien indirectement *via* des fonds logés dans un contrat d'assurance vie, un PEE, PER...) sont généralement liquides, exceptions faites pour certaines petites capitalisations. Elles sont très risquées et historiquement réputées sources de rendements importants. Les actions présentent un caractère cyclique : fortes hausses et importantes baisses se succèdent au fil du temps.

La volatilité des investissements en actions peut s'illustrer par les rendements historiques extrêmes observés par année civile : le CAC 40 a par exemple affiché une performance de 54 % en 1999 mais a perdu 40 % de sa valeur en 2008 ! Il est ainsi fortement recommandé d'analyser avec un regard critique les statistiques de rendement parfois communiquées par des professionnels (une étude des performances financières sur des historiques de temps différents est notamment conseillée).

Le *private equity*, les *hedge funds* et les actions cotées dans des pays dits « émergents » (Brésil, Russie, Turquie, etc.) pouvant, pour certains, être souscrits dans le cadre de contrats d'assurance vie, de PEE, PER… sont extrêmement risqués et parfois peu liquides (*private equity* et *hedge funds* notamment). Ils peuvent procurer de forts rendements mais également générer d'importantes pertes. Par exemple, l'indice actions phare d'Argentine (Merval) s'est effondré de 38 % en une seule journée le 12 août 2019 !

Choisir où placer ses économies n'est pas une mince affaire… cette décision doit en effet résulter d'une analyse objective dépassionnée des risques financiers encourus, liquidités offertes, opportunités de marché et rendements des différentes possibilités d'investissement.

29 L'investissement en actions est-il toujours gagnant ?

« Les quatre mots les plus dangereux en investissant sont : cette fois c'est différent. »
(Sir John Templeton, investisseur et philanthrope)

Tout investisseur doit répondre à cette question : comment investir avec succès en évitant une prise de risque excessive ? À moins de disposer d'une importante capacité à tolérer des pertes, les stratégies d'investissement sur les marchés financiers visent souvent à faire au moins aussi bien qu'un indice représentatif d'un segment du marché (comme par exemple le Dow Jones…).

Performer autant que les indices boursiers (Dow Jones, Euro Stoxx, Nikkei, CAC 40) permettrait d'être exposé aux fondamentaux économiques puisque les prix des actions augmentent lorsque l'activité économique se renforce. En somme, en achetant une action au prix d'aujourd'hui, vous espérez obtenir une hausse de sa valeur au moins aussi importante que celle de la croissance mondiale. Aussi, investir en actions est-il le placement le plus rentable sur le long terme ?

Quelques définitions

Les obligations sont des titres de créances (un droit du prêteur d'exiger le remboursement d'un montant sollicité par l'emprunteur) émis par des États, des collectivités locales ou des entreprises pour emprunter des fonds auprès d'autres intermédiaires financiers. Une obligation offre un intérêt périodique, appelé coupon, au prêteur et est, à la fin de l'échéance, remboursée par l'emprunteur. Une obligation achetée lors de son émission peut être revendue à un autre investisseur sur le marché secondaire au prix du marché. Lorsque les taux d'intérêt montent, de nouvelles obligations sont émises avec des coupons plus intéressants pour les investisseurs. Par conséquent, ces derniers vendent leurs premières obligations pour racheter les nouvelles obligations, ce qui contribue à faire baisser le prix des anciennes obligations. Ainsi, lorsque les taux d'intérêt montent, le prix des obligations déjà émises diminue.

Les actions, quant à elles, sont des titres de propriété émis par une société qui permet à ses investisseurs d'en devenir actionnaire. Ces titres peuvent être revendus sur les marchés en fonction des fluctuations de prix et offrent aux actionnaires un droit à l'information sur les activités de la société, un droit de vote lors des assemblées générales et un droit au dividende qui correspond au versement d'une partie des bénéfices annuels de la société en fonction de la part détenue par chaque investisseur dans le capital.

Les obligations et les actions constituent généralement les principaux placements d'un portefeuille boursier. Pour que celui-ci soit diversifié, des investissements sur d'autres classes d'actifs sont possibles, notamment dans les marchés monétaires, les matières premières, l'immobilier, les fonds spéculatifs ou les fonds de capital investissement.

Les actions sont-elles vraiment performantes sur le long terme ?

La question de la surperformance des actions, considérées comme des actifs risqués, est généralement admise en comparaison avec la performance des indices obligataires souverains (évolution des prix d'un ensemble d'obligations de dettes émises par les États), généralement considérés comme des actifs non risqués. Si l'activité économique suit une tendance haussière, investir en actions sera profitable puisque les perspectives de bénéfices s'amélioreront et l'inflation accélérera en réaction à une plus grande utilisation des ressources productives. En conséquence, le taux d'intérêt réel (le taux d'intérêt nominal corrigé de l'inflation) diminuerait, ce qui rendrait moins intéressant le fait d'investir sur des obligations.

Selon les économistes Elroy Dimson, Paul Marsh et Mike Staunton, entre 1900 et 2017, les actions mondiales ont enregistré un rendement réel moyen de 5,2 % contre 2 % pour les obligations et seulement 0,8 % pour les bons du Trésor (*bills*). En période de taux d'intérêt réel négatifs, comme c'est le cas dans des pays où l'inflation est relativement élevée, les obligations ont alors un rendement annuel moyen négatif de 3,7 % sur les cinq années suivantes, tandis que les actions proposent un rendement réel positif de 1,5 %.

Enfin, depuis 1900, les actions ont offert un rendement supérieur aux obligations de 3,2 points. Certes, cette prime de risque peut mener à d'importantes pertes en capital (31 % lors de la Première Guerre mondiale, 12 % lors de la Seconde, 47 % lors de la crise pétrolière de 1973, 44 % lors de la bulle technologique des années 2000 et 41 % en 2008).

En revanche, le potentiel de gain en phase de reprise est asymétrique : les actions ont augmenté de 168 % entre 1919 et 1928, 395 % les dix années suivant la Seconde Guerre mondiale, 257 % entre 1980 et 1989 et 111 % entre 1990 et 1999. Ces observations ont mené les auteurs à qualifier de « triomphe de l'optimisme » la surperformance des actions sur les obligations dans le long terme, justifiant que la patience sur le long terme est souvent plus rentable.

Cependant, cette surperformance dépend de l'interprétation donnée au « long terme ». Ainsi, entre 1968 et 2017 (pendant 49 ans), le rendement réel moyen des actions était de 5,3 % mais tout juste supérieur à celui des obligations (4,4 %). Pire, entre 2000 et 2017 (pendant 17 ans), les obligations (4,9 %) ont surperformé les actions (2,9 %). Cette dernière période se caractérise néanmoins par deux crises financières, et les meilleurs rendements sur les actions se font généralement après de fortes baisses. Entre début 2002 et fin 2007, les actions mondiales ont eu un rendement net en hausse de 75 %, tandis que leur gain depuis 2009 atteignait 184 % à fin 2017.

Comment évaluer le risque ?

L'horizon temporel d'investissement, c'est-à-dire la durée du placement à court, moyen ou long terme, est un facteur déterminant pour éviter de surestimer la prise de risque dans la constitution d'un portefeuille boursier (aversion myopique). À court terme (1 an), l'espérance de rendement en fonction du risque reposera davantage sur des facteurs propres à l'entreprise qui a émis les actions, et moins sur des facteurs liés à l'activité économique et financière globale.

Ce type d'investissement porte souvent sur des thématiques précises (la robotisation, l'industrialisation, la digitalisation). À moyen (3-5 ans) et long terme (7-10 ans), les investissements porteront sur différents secteurs, marchés géographiques et classes d'actifs pour ne « jamais mettre ses œufs dans le même panier ». L'objectif sera ainsi d'investir sur des actifs financiers plus « sûrs » en cas de retournement du cycle économique (obligations d'État, certaines devises ou matières premières), mais également de prendre un risque suffisant pour obtenir de la performance, d'où l'investissement en actions.

Ainsi, en fonction de sa capacité à prendre du risque, l'investissement en actions sur le long terme consiste à y consacrer une part de sa richesse, et à faire évoluer marginalement cette dernière en fonction du cycle économique. L'économiste Roger Ibbotson montre ainsi que depuis 1927, le rendement moyen annuel d'un portefeuille varie entre 5,96 %, si 14 % des placements concernent les actions et 9,65 %, si 60 % des placements sont faits en actions. Plus on privilégie la sécurité de son portefeuille avec une part significative d'obligations, moins le rendement est élevé et, inversement, plus on privilégie la part en actions, plus le rendement est élevé.

L'attractivité de l'investissement en actions a été notamment étudiée par Shlomo Benartzi et Richard H. Thaler (1995) sous le concept du « puzzle de la prime action ». Ces économistes démontrent que les individus comparent la performance de leur investissement selon un point de référence, qui est souvent le prix d'achat. Plus les individus utilisent ce point de référence pour évaluer leur investissement, plus leur sensibilité à de fortes variations des prix et donc leur aversion au risque augmentent. La principale conséquence pratique de cette « aversion myopique au risque » est de surestimer la prime de risque action et donc de réduire son potentiel de gain sur le long terme en vendant trop rapidement l'actif.

Quel est le lien entre le cycle économique et la performance des actions ?

Un cycle économique haussier correspond à une augmentation de la demande pour les biens et services produits par les entreprises, ce qui tend à faire augmenter le volume de ventes, des débouchés et inciter à davantage de productivité. Les conséquences sont positives pour les actions : la volatilité du prix des actions diminue et la croissance des bénéfices s'améliore. Cette hausse des prix est négative pour les obligations puisque leur rendement réel diminue en réaction à la hausse de l'inflation (*i.e.* le rendement réel d'une obligation correspond à l'évolution du prix de l'obligation, la valeur de son coupon corrigé de la hausse des prix).

Pour contenir ce regain d'inflation, les banques centrales augmentent généralement leur taux d'intérêt directeur pour contenir la hausse des prix, ce qui contribue à déprécier le prix des obligations. Ces phases cycliques de hausse favorisent ainsi la surperformance des marchés actions relativement aux marchés obligataires.

Néanmoins, un environnement combinant hausse de l'activité et hausse des actions sans pression inflationniste a déjà été observé. C'est ce qui s'est passé depuis l'après-crise 2007 : les liquidités ont augmenté sous l'effet des programmes d'achats d'actifs par les banques centrales, l'inflation sous-jacente n'a pas augmenté en raison d'une moindre productivité, tandis que les volumes d'activité ont progressé et ont encouragé une forte valorisation des marchés actions. Les marchés financiers ont ainsi bénéficié du meilleur des deux mondes avec une forte hausse des actions et une performance stable des obligations.

Pour reprendre Sir John Templeton, cet épisode était finalement différent. Mais la fin des rachats d'actifs par les banques centrales et le retour de l'inflation pourraient déprécier plus significativement les obligations, aboutissant à une situation plus proche des évènements historiques que nous avons mentionnés.

Ainsi, quel que soit l'environnement, investir en actions permet d'améliorer le rendement du portefeuille sur le long terme. Un investisseur optimisera son rendement par une approche discrétionnaire, c'est-à-dire en réagissant de manière ponctuelle aux évolutions économiques et financières. C'est en cela que Sir John Templeton évoquait le risque d'investir différemment : pour que la performance d'un investissement soit maximisée, il ne faut jamais aller à contre-courant du marché, tout en prenant en compte les évolutions passées.

30 Est-il possible de battre le marché ?

Supposons que cette année, l'indice de référence du marché français (le CAC 40) ait augmenté de 5 %. Si vous aviez en début d'année choisi d'investir dans quelques actions de l'indice, et qu'à la fin de l'année vous avez obtenu un rendement de 7 % sur votre portefeuille, eh bien vous venez d'atteindre l'objectif suprême de tout investisseur : vous avez battu le marché ! Pour expliquer votre performance, il n'existe en réalité que trois possibilités : 1) vous avez eu plus de chance que la moyenne des investisseurs, 2) votre portefeuille était plus risqué que la moyenne du marché, ou 3) vous êtes plus talentueux dans vos choix que la moyenne des investisseurs.

Mais quelle est l'explication la plus plausible ?

Gestion active ou gestion passive ? Le duel

L'expression « battre le marché » est liée à un concept fondamental de la finance : celui de l'efficience des marchés. Cette théorie a valu à son créateur, Eugène Fama, le prix Nobel d'économie en 2013. Elle implique que le prix d'un actif financier (comme le prix d'une action d'une entreprise) à un instant donné reflète l'ensemble de l'information disponible et qu'il ne doit donc pas exister d'action sous-évaluée ni d'action surévaluée sur le marché. Selon cette théorie, il est donc impossible de battre le marché, sauf provisoirement en cas de chance ou bien en prenant plus de risques que la moyenne du marché. Pour reprendre l'exemple de l'économiste américain Burton Malkiel, si les prix suivent une marche aléatoire, alors un chimpanzé, qui choisit au hasard les actions composant son portefeuille, obtiendra en moyenne le même rendement qu'un expert utilisant des stratégies ultra-complexes. Et si l'on prend en compte le fait que l'expert demandera à ses clients des frais pour gérer leur argent, alors il est préférable de confier son argent à un chimpanzé plutôt qu'à un professionnel !

Le débat sur la possibilité de battre le marché fait rage depuis plus d'une cinquantaine d'années. Deux camps s'affrontent : les partisans de la gestion passive et ceux de la gestion active. Pour les partisans de la gestion passive, comme il est impossible de battre le marché, cela ne sert à rien de confier son argent à un professionnel. La meilleure stratégie consiste tout simplement à acheter un fonds négociable en bourse, aussi appelé ETF ou tracker, répliquant la performance du marché. Alors, par définition, vous n'allez pas battre le marché avec cette stratégie, mais vous allez limiter les frais et les risques grâce à un portefeuille diversifié. Et c'est le mieux que vous puissiez faire.

De l'autre côté, les défenseurs de la gestion active mettent en avant la possibilité d'identifier des actifs sous-évalués pour en tirer profit et ainsi battre le marché. Selon ces derniers, les marchés ne sont pas parfaitement efficients, et l'identification d'anomalies peut permettre de générer un rendement anormal grâce à un choix optimal des titres à inclure dans le portefeuille. Identifier quelles sont les entreprises sous-évaluées prend du temps, et a donc un coût : celui de « temps de cerveau talentueux » ; il faut donc que cette recherche assure une surperformance pour compenser ce coût.

Le triomphe de Warren Buffet et de la gestion passive

À ce propos, en 2008 commençait un pari très médiatisé entre le célèbre investisseur américain Warren Buffet et Ted Seides. L'objet du pari ? Les deux investisseurs avaient devant eux 10 ans pour obtenir le rendement le plus élevé possible en investissant sur le marché américain. Le montant du pari ? Un million de dollars. Warren Buffet, qui pourtant a fait sa fortune grâce à son talent à identifier des entreprises sous-évaluées, a parié que sur une période de 10 ans, une stratégie de gestion passive répliquant l'indice américain battra la stratégie active de Ted Seides consistant à investir dans des fonds choisis par un expert. Quel a été le résultat ? Eh bien la stratégie passive de Warren Buffet a généré sur la période un rendement de 125,8 %. La stratégie de Ted Seides seulement 36 % !

Warren Buffet n'a pourtant rien fait d'exceptionnel. Il a tout simplement acheté un ETF répliquant le marché américain afin de minimiser ses frais. Puis, il a attendu sans rien faire, dans une période pendant laquelle le marché américain a fortement augmenté. Cette démonstration de force peut paraître anecdotique, mais elle n'est pas la première.

De nombreuses études montrent en effet qu'à cause de frais de gestion élevés, le rendement moyen des stratégies actives est inférieur à celui des stratégies passives. De plus, la surperformance de certains fonds semble aléatoire dans le temps, si bien que la performance, une année donnée, a en réalité plus de probabilité d'être liée à un facteur « chance » qu'à un facteur « talent ». En effet, le talent devrait être plus ou moins constant dans le temps (sinon cela s'appelle de la chance) et les gestionnaires de fonds réellement talentueux devraient battre le marché quasiment chaque année. Or, ce n'est pas le cas!

Prêt à investir ?

Mais que se passe-t-il si, pour éviter les frais de gestion d'un fond, vous choisissez de gérer votre argent vous-même ? En tant qu'investisseur individuel, vous pouvez en effet choisir les entreprises dans lesquelles vous allez investir, puis vous constituer un portefeuille en passant par un intermédiaire financier (banque, société de bourse, courtier en ligne). Mais le problème, c'est que de très nombreuses études montrent que dans ce cas-là non plus, vous n'allez pas battre le marché. Et ce pour trois raisons : les frais de transaction, l'absence de diversification et les biais comportementaux.

Tout d'abord, en tant qu'investisseur individuel, vous allez aussi avoir des frais de transaction lors du passage de vos ordres d'achats et de ventes. Ensuite, le portefeuille que vous allez constituer contiendra bien souvent un nombre relativement limité d'actifs : votre portefeuille ne sera donc pas assez diversifié. Ce manque de diversification induit ensuite davantage de risques qu'un portefeuille constitué d'un grand nombre d'actifs (comme peuvent le proposer les fonds ou les ETF). De plus, en tant qu'investisseur individuel, vous risquez d'être sujet à un nombre incalculable de biais comportementaux qui vont affecter négativement votre rendement, parmi lesquels l'excès de confiance et l'effet de disposition.

De nombreuses études en finance comportementale ont en effet montré que les individus ayant un excès de confiance en leur capacité, et/ou se sentant supérieurs aux autres, obtiennent au final un rendement plus faible que la moyenne des autres investisseurs. Plus un individu est confiant, plus il va avoir tendance à effectuer des transactions, en pensant à chaque fois avoir identifié une nouvelle entreprise sous-évaluée. Et plus il multiplie les transactions, plus les frais de transactions augmentent.

Au final, les investisseurs individuels en excès de confiance sous-performent en moyenne très largement le marché. Une étude a d'ailleurs montré en 2001 qu'en moyenne les hommes sous-performaient davantage le marché que les femmes, l'excès de confiance étant souvent plus présent chez les hommes que chez les femmes.

Concernant l'effet de disposition, il a été montré que les investisseurs individuels ont tendance à vendre les actions d'entreprises ayant augmenté depuis la date d'achat, et à garder en portefeuille les actions d'entreprises dont le prix a baissé. Et ce à cause d'une difficulté à réaliser ses pertes et à remettre en cause ses jugements de départ. Les investisseurs individuels sont donc sujets à de très nombreux biais cognitifs, ce qui implique en moyenne un rendement ajusté du niveau de risque inférieur au marché. Bien évidemment, sur certaines années, et de manière aléatoire, des investisseurs individuels peuvent battre le marché. Mais, sur le long terme, la probabilité qu'un individu surperforme le marché de manière régulière reste extrêmement faible.

Si les gérants de fonds, qui font pourtant appel à des modèles mathématiques complexes, disposent d'une armée d'analystes et ont un accès privilégié à l'information, ils n'arrivent que très difficilement à battre le marché, alors il y a tout de même peu de chance qu'un investisseur individuel seul devant son ordinateur y arrive! Il faut aussi toujours comparer les performances à niveau de risque équivalent : la performance d'un portefeuille peu diversifié ou bien celle d'un portefeuille constitué principalement de petites entreprises du secteur technologique ne peuvent pas être directement comparées à la performance du marché.

L'objectif pour un investisseur individuel ne devrait donc pas de battre le marché à tout prix, mais plutôt de s'approcher au maximum, pour un niveau de risque donné, de la performance du marché, et ce après la prise en compte des frais de transaction et de gestion. C'est parce qu'en finance, le rendement est toujours associé au risque, et il n'existe pas de méthode miracle ou de stratégie sans risque permettant de battre le marché à coup sûr…

31 La spéculation est-elle néfaste pour l'économie ?

Associée aux pires crises financières de l'Histoire, la spéculation est connotée négativement dans l'esprit collectif. Non seulement elle est assimilée à l'économie « casino » (qui utilise les capitaux pour spéculer) plutôt qu'à l'économie « productive » (dans laquelle les capitaux servent à la production de biens et services), si bien que certains la considèrent comme étant « préjudiciable à l'économie », mais aussi, et surtout, elle est pointée du doigt comme étant à l'origine de la récurrente flambée du prix des denrées alimentaires. La spéculation serait ainsi la cause des crises alimentaires qui en découlent dans les pays les plus vulnérables, et en partie « responsable de la faim dans le monde ». Quant aux spéculateurs eux-mêmes, « ne produisant rien » et capables de mettre à mal des entreprises, des banques centrales, voire des États tout entiers, ils sont accusés de tous les maux.

La spéculation serait-elle donc néfaste pour l'économie ? Ce n'est pas si sûr…

Qu'est-ce que la spéculation ?

Au sens étroit du terme, spéculer consiste à acheter (ou vendre) un bien en vue de le revendre plus cher (ou de le racheter) à une date ultérieure, et ce dans le but *unique* de s'enrichir.

Cette définition, proposée par l'économiste britannique Nicholas Kaldor, est la plus couramment utilisée.

Mais il ne faut pas confondre spéculation et jeux d'argent : d'un côté, le spéculateur a des raisons rationnelles de penser qu'il va réaliser une plus-value ; de l'autre, le joueur s'en remet au hasard, conscient qu'il sera le plus souvent perdant. La spéculation n'est pas non plus de l'investissement : d'un côté, l'investisseur acquiert un **actif** dans le but d'engranger des revenus à long terme ; de l'autre, le spéculateur acquiert un actif afin de réaliser une plus-value à court terme. Enfin, la spéculation est partout, si bien que chacun de nous peut au cours de sa vie, et sans forcément en avoir conscience, spéculer. Pour autant, les spéculateurs ne constituent pas une catégorie homogène, et n'interviennent pas sur les mêmes marchés.

En fait, le réel danger pour l'économie n'est pas la spéculation en tant que telle, mais la spéculation de masse, lorsqu'une majorité de spéculateurs (ou quelques spéculateurs dominants), de façon parfaitement rationnelle pris individuellement mais totalement irrationnelle pris collectivement, se mettent à spéculer sur un même actif ; ce qui conduit *de facto* à la création d'une « **bulle** » spéculative et à un retournement inéluctable du marché. C'est

Actif : toute ressource ayant une valeur économique (monnaie, action, obligation, immobilier, terre, œuvre d'art, etc.). Cette valeur économique réside dans le fait que cet actif peut être loué ou vendu.

Bulle : hausse très rapide du prix d'un actif. Elle se produit lorsque celui-ci s'échange à un prix bien supérieur à sa valeur intrinsèque. Les « bulles » sont causées par des anticipations trop optimistes, par un comportement grégaire, mais aussi et surtout par un aveuglement face à la perspective d'un gain très élevé.

ce qui s'est passé à la fin des années 1920 lorsqu'une grande partie de la population américaine s'est mise à spéculer sur le marché des actions, plongeant quelques années plus tard les États-Unis dans la Grande Dépression. Ces périodes de spéculation excessive ont bien entendu un effet déstabilisant pour l'économie.

Toutefois, contrairement aux idées reçues, la spéculation, lorsque celle-ci reste mesurée et est correctement régulée, présente une certaine utilité.

La spéculation peut-elle être utile à l'économie ?

La spéculation joue en réalité un rôle important en économie, car elle aide le marché à mieux fonctionner. Et ce, pour quatre raisons :

1. Les spéculateurs, par leur simple présence, apportent de la liquidité au marché, et ont un impact positif sur cette liquidité. En effet, en entrant en concurrence les uns avec les autres, les spéculateurs n'ont d'autre choix que de proposer des prix compétitifs, ce qui permet des opérations d'achat-revente à des prix très proches. Par ailleurs, la présence de spéculateurs augmente les quantités disponibles à l'achat ou à la vente et permet *in fine* à de gros ordres d'achat ou de vente d'avoir un impact négligeable sur les prix. Ce faisant, ils stabilisent le marché, qui sera dès lors moins à même d'être manipulé par quelques participants mal intentionnés. La liquidité apportée par les spéculateurs permet également de réduire le délai nécessaire pour trouver une contrepartie. Enfin, la volonté des spéculateurs d'acheter quand les prix sont trop bas et de vendre quand les prix sont trop hauts

les incite à revenir très rapidement à l'achat en cas de cours injustifiés. Cela permet aux prix des actifs d'être rapidement ramenés à leur équilibre en cas de choc (lors d'un krach par exemple), et rend ainsi le marché plus résilient.

2. Lorsque les spéculateurs prennent position (à l'achat ou à la vente) sur un actif, ils transmettent directement leurs anticipations au marché. De ce fait, ils participent à la formation du prix, qui vient alors refléter l'ensemble de l'information disponible. En révélant l'état réel de l'offre et de la demande, les spéculateurs rendent ainsi le marché plus efficient.

3. Les spéculateurs ont la capacité financière de supporter certains risques, ce qui n'est pas le cas des producteurs et/ou consommateurs. Pour ce faire, ces derniers vendent et achètent des produits dérivés que l'on peut comparer à des contrats d'assurance (un acheteur et un vendeur jouent respectivement les rôles d'assureur et d'assuré). Par exemple, un producteur agricole satisfait du cours actuel du blé et souhaitant se couvrir contre une éventuelle baisse de prix dans les neuf mois à venir peut fixer le prix de sa future récolte en vendant des contrats à terme sur le blé à une contrepartie (un spéculateur). De cette manière, le risque encouru par une potentielle baisse du cours du blé est transféré au spéculateur (l'acheteur des contrats à terme), qui accepte de supporter ce risque contre une possible plus-value future. Cela permet ainsi au producteur de s'assurer un profit certain tout en se délestant du risque initial. Une fois débarrassé de ce risque, il a la capacité de produire davantage.

4. Les spéculateurs, en consacrant leur temps à déplacer des ressources dans le temps, permettent une meilleure allocation des ressources. En effet, de par leur impact sur les

prix, ils ont la capacité d'envoyer des signaux au marché, indiquant à l'avance les périodes de surplus ou de pénurie à venir. Lorsqu'ils anticipent une période de pénurie (sécheresses, incendies, pluies, vagues de froid), et lorsque le prix d'une matière première est jugé trop faible par rapport à cette anticipation, ils passent à l'achat, faisant ainsi monter le cours de la matière première en question. Cette hausse des prix augmente la marge des producteurs qui se mettent alors à produire davantage cette matière première au détriment d'autres jugées moins rentables. En cas de très forte pénurie, l'intervention des spéculateurs entraîne une importante hausse des prix, ce qui facilite l'arrivée de nouveaux producteurs sur le marché, attirés par la perspective de gains importants, et permet un rééquilibrage de l'offre.

De même, lorsque les spéculateurs anticipent une période de surplus (surproduction, conditions climatiques favorables), et lorsque le prix d'une matière première est jugé trop élevé par rapport à cette anticipation, ils la vendent, et en font ainsi baisser le cours. La baisse des prix, faisant baisser la marge des producteurs, incite ces derniers à se tourner vers d'autres matières premières agricoles plus rentables. En cas de très fort surplus, l'intervention des spéculateurs fait baisser très fortement les prix, ce qui, en cas de crise prolongée, entraîne la fermeture des exploitations agricoles les moins rentables et permet là encore un rééquilibrage de l'offre.

Ainsi, on peut penser que sans l'intervention de spéculateurs, les déséquilibres entre offre et demande seraient beaucoup plus persistants dans le temps qu'ils ne le sont aujourd'hui.

Pour en finir avec certaines idées reçues

La faim dans le monde, caractérisée par un accès restreint à la nourriture dans certaines régions du monde, résulte principalement de trois causes qui s'entremêlent : des conflits armés (dysfonctionnement de la production agricole locale, accès interdit à l'aide alimentaire), des chocs climatiques (sécheresses et inondations), et des choix politiques contestables (sous-investissement dans l'agriculture vivrière, corruption). La spéculation, bien que potentiel facteur aggravant, n'en est finalement pas la cause première.

Bien entendu, tous les spéculateurs ne sont pas des enfants de chœur, et la moralité de certains d'entre eux (délit d'initié, accaparement du marché, manipulation de cours, mise à mal d'entreprises, de banques centrales et d'États) est bien discutable. Pour autant, la présence de spéculateurs sur les marchés tend à rendre ces derniers plus efficients en moyenne, sans oublier que de nombreuses grandes entreprises ont, à un moment ou à un autre, pu compter sur des spéculateurs (*business angels*, fonds de capital-risque) pour se développer et finir par prospérer, créant par là même des millions d'emplois à travers le monde.

La spéculation pourrait en fait être comparée à l'huile d'un moteur. De même qu'un trop-plein d'huile ou un manque d'huile dans un moteur peut endommager la mécanique, de même l'excès de spéculation comme son absence peut gripper le système financier tout entier. Elle est cependant nécessaire au système financier pour fonctionner correctement, et c'est finalement au régulateur que revient la mission délicate de veiller à limiter les travers d'une spéculation parfois excessive ou insuffisamment hétérogène.

32 À quoi servent vraiment les fonds souverains ?

Les fonds souverains détiennent aujourd'hui environ 10 trillions de dollars d'actifs à travers le monde, ce qui correspond peu ou prou à 3 % de la richesse mondiale (au sens de patrimoine), elle-même estimée à 317 trillions de dollars par le Crédit suisse (*Global Wealth Report*, 2018). Ces chiffres, vertigineux, peuvent également être comparés aux 20 trillions de dollars d'actifs détenus par les principales banques centrales, aux 18 trillions de dollars d'actifs détenus par les fonds de pension et aux 3 trillions de dollars d'actifs détenus par les *hedge funds* (fonds d'investissement spéculatifs). Les fonds souverains ou « *sovereign wealth funds* » en anglais, que l'on pourrait traduire mot à mot par « fonds de richesse souverain », terme utilisé pour la première fois par Andrew Rozanov en 2005, ne sont pas nouveaux puisque le premier vit le jour au Koweït en 1953.

Qu'est-ce qu'un fonds souverain ? Quelles sont ses sources de financement ? Et surtout à quoi cela sert-il ? Telles sont les questions auxquelles nous allons essayer de répondre.

Qu'est-ce qu'un fonds souverain ?

Un fonds souverain est un fonds d'investissement contrôlé par l'État visant à investir les surplus budgétaires (ou les excédents commerciaux) ainsi que les recettes issues de la privatisation d'entreprises dans des actifs financiers (actions, obligations, immobilier, infrastructures, capital investissement, dette privée), de préférence à l'étranger, dans le but d'en faire profiter son économie mais aussi ses citoyens, y compris les générations futures.

Un fonds souverain constitue donc un pilier majeur de l'épargne nationale, au même titre que les banques centrales (dont les réserves sont essentiellement constituées d'obligations à long terme) et les fonds de pension d'État (dont le portefeuille est essentiellement constitué d'obligations souveraines à long terme).

En raison d'un horizon d'investissement très long (potentiellement infini) et d'un besoin en liquidité très faible (à l'exception de certains fonds souverains dits « de stabilisation », voir ci-dessous), le fonds souverain a une tolérance au risque généralement élevée, ce qui lui permet de se constituer un portefeuille d'actifs risqués.

Classement des cinq plus grands fonds souverains

Rang	Fonds	Actifs sous gestion (en milliards de dollars)
1	*Norway Government Pension Fund Global*	1 073
2	*China Investment Corporation*	941
3	*Abu Dhabi Investment Authority*	697
4	*Kuwait Investment Authority*	592
5	*Hong Kong Monetary Authority Investment Portfolio*	509

Source : *Sovereign Wealth Funds Institute* (15 août 2019).

On distingue deux principaux types de fonds souverains :

– les fonds souverains financés *via* l'exploitation des ressources pétrolières et gazières, à l'instar des fonds souverains de Norvège, de Russie, du Kazakhstan, du Nigeria ou des pays du Golfe (Arabie saoudite, Qatar, Émirats arabes unis) ou *via* l'exploitation de ressources minières à l'instar des fonds souverains d'Australie, du Chili ou du Botswana ;

– les fonds souverains financés grâce à la surabondance des réserves de change, comme par exemple les fonds souverains de la Chine, de Hong Kong ou de la Corée du Sud.

Pour quelles raisons un État se dote-t-il d'un fonds souverain ?

Dans le cas des fonds souverains financés grâce à l'exploitation des ressources naturelles, les revenus générés par les exportations de matières premières représentent une part très importante du budget de l'État. Par exemple, les profits de la compagnie pétrolière nationale Aramco en Arabie saoudite (taxés à 50 %) représentent environ 70 % des recettes du pays. Autant dire que ces pays sont très dépendants du prix des matières premières. Tant que les prix du pétrole, du gaz naturel ou des minerais sont élevés, les finances des États producteurs sont au beau fixe. En revanche, lorsque les prix se mettent à chuter (comme ce fut le cas avec le pétrole en 2014, le prix d'un baril de pétrole Brent passant de 110 à 35 dollars), alors ces États ont besoin de revenus autres pour compenser le manque à gagner et équilibrer leur budget. L'investissement de tout ou partie des surplus (en période de prix élevés) dans un fonds souverain vise donc en premier lieu à se constituer une épargne mobilisable en période de prix bas (et donc de déficit budgétaire). On parle alors de fonds de stabilisation.

Par ailleurs, l'investissement des surplus dans les fonds souverains permet de diversifier les sources de revenus de l'État. Cette stratégie a pour but de combattre les effets pervers provoqués par une forte augmentation des exportations de matières premières (appréciation de la devise domestique, éviction de l'investissement privé dans les autres secteurs domestiques et déclin de l'industrie manufacturière), notamment pour les économies de petite taille.

Enfin, l'investissement des surplus peut aussi être utilisé pour développer les infrastructures du pays (cas des pays émergents). Cette stratégie de diversification des sources de revenus a pour but de préparer la transition vers un monde sans énergie fossile et ainsi transférer vers demain les richesses créées (extraites) aujourd'hui. En investissant dans des actifs productifs, ces États peuvent ainsi envisager de vivre de la rente offerte par le capital investi au fil des années et transmettre une partie de leur patrimoine aux générations futures. C'est la politique annoncée de certains fonds souverains : Norvège, Koweït, Qatar, Émirats arabes unis, Oman, Ghana, Kazakhstan.

Dans le cas des fonds souverains financés grâce à la surabondance des réserves de change, résultant des excédents commerciaux, celles-ci sont en partie transférées de la banque centrale vers le fonds souverain qui est alors chargé de les réinvestir dans des actifs étrangers libellés dans la même monnaie, afin de maintenir le cours de la devise domestique à un niveau artificiellement bas (ce qui favorise les exportations).

L'accumulation d'actifs financiers (non corrélés de préférence aux revenus de l'État) *via* un fonds souverain permet donc de (1) diversifier les sources de revenus et ainsi faire face aux retournements conjoncturels, (2) réduire l'inflation domestique et (3) tenir compte de l'épuisement des ressources naturelles ou de la durée de vie limitée des excédents commerciaux et ainsi préparer l'avenir en se constituant une épargne (et une rente) intergénérationnelle.

Limites et dérives des fonds souverains

Les fonds souverains sont souvent opaques, tant au niveau de leurs opérations quotidiennes qu'au niveau de la constitution de leurs portefeuilles, au point que les actifs qu'ils détiennent reposent sur des éléments déclaratifs la plupart du temps. Nul ne sait par exemple avec certitude si le fonds souverain norvégien est réellement le plus grand fonds du monde en termes d'actifs sous gestion. Par ailleurs, certains fonds souverains sont suspectés de faire l'objet de détournement à des fins de corruption ou de népotisme. Pour contrer ce genre de pratiques, chaque fonds souverain est invité à adhérer aux principes de Santiago, un code de bonnes pratiques défini par le Fonds monétaire international (FMI) à Santiago du Chili en 2008.

Le modèle norvégien

Au début des années 1960, du pétrole fut découvert dans la mer du Nord. La Norvège décida alors de diviser la zone d'exploration en plus de 300 blocs et d'accorder des licences d'exploration aux compagnies pétrolières étrangères, conservant 50 % de chaque puits (et donc 50 % des revenus), les 50 % restant étant taxés à 78 % par l'État norvégien. En 1990, les Norvégiens prirent la décision d'investir l'essentiel des profits issus de l'exploitation des hydrocarbures dans un fonds souverain, le « *Oil Fund* », également connu sous le nom de « *Norway Government Pension Fund Global* », chargé d'investir à travers le monde. Les premiers versements débutèrent en mai 1996.

Le portefeuille du fonds souverain norvégien est ainsi investi dans trois classes d'actifs : actions (69 %), obligations (28 %) et immobilier (3 %), et celui-ci pèse désormais plus d'un trillion de dollars (1 073 milliards de dollars exactement, soit un peu plus de 200 000 dollars par habitant). Le fonds est actionnaire de plus de 9 000 entreprises, ce qui représente en moyenne 1,4 % du capital de chaque entreprise cotée en Bourse à travers le monde. Plutôt impressionnant pour un pays de seulement 5,3 millions d'habitants ! Côté performance, le fonds a généré un rendement brut annuel de 5,8 % et un rendement net annuel après inflation de 3,9 % entre le 1er janvier 1998 et la fin du premier trimestre 2019, ce qui au vu des actifs sous gestion actuels représente une rente annuelle nette de près de 42 milliards de dollars, ce qui correspond à un quart des recettes budgétaires actuelles de la Norvège. Autant dire que les Norvégiens peuvent « dormir sur leurs deux oreilles ».

En France, une réflexion sur la création d'un fonds souverain d'envergure se doit d'être menée. Sans matières premières à exploiter, le projet d'exploitation du pétrole et du gaz de schiste sur le territoire français – dont la manne financière est estimée à plus de 100 milliards d'euros – ayant été définitivement abandonné dans le cadre de la lutte contre les changements climatiques (loi n° 2017-1839 du 30 décembre 2017), et en présence d'un déficit structurel, il semble difficile de suivre le modèle norvégien, d'autant plus que la question du financement des retraites pourrait réduire encore davantage la marge de manœuvre de l'État. Pourtant, plusieurs pistes sont à l'étude. De son côté, la banque publique d'investissement travaille sur un projet baptisé « Lac d'argent » qui viserait à rassembler des fonds publics et privés dans le but de stabiliser le capital d'entreprises françaises jugées stratégiques (et donc d'éviter que des fonds étrangers ne prennent le contrôle des fleurons français).

Par ailleurs, une nouvelle catégorie de fonds souverains, basée sur le modèle « fonds de fonds souverains » ou de nouvelles formes de co-investissement par plusieurs fonds souverains, pourrait voir le jour. Selon ce modèle, le fonds souverain français pourrait notamment lever des fonds auprès de fonds souverains étrangers fortement dotés et placer ces fonds dans des entreprises nationales à fort potentiel (offrant donc un rendement potentiellement élevé). En échange, les fonds souverains étrangers pourraient bénéficier d'une notation financière de qualité, ceux-ci bénéficiant directement de la notation du fonds souverain français.

33 Les salaires des superstars sont-ils trop élevés ?

Les salaires des superstars – grands patrons, sportifs internationaux, stars du cinéma, gérants de fonds à succès – ont explosé au cours des cinquante dernières années. Aux États-Unis par exemple, alors que le salaire d'un grand patron était environ 20 fois supérieur à celui de ses employés au milieu des années 1960, la différence de salaire est désormais de 1 pour 300 ! Et il en est de même en ce qui concerne les sportifs de hauts niveaux : les salaires dans de très nombreux sports (baseball, football, basket-ball…) ont plus que doublé au cours des 20 dernières années. À elle seule, la star du FC Barcelone Lionel Messi, dont le salaire est de plus de 7 millions d'euros par mois, gagne environ 600 fois plus que le Premier ministre anglais et 3 000 fois plus qu'un infirmier britannique !

Mais comment expliquer ce phénomène ? En 1981, l'économiste Sherwin Rosen écrivait déjà, dans un article intitulé "The Economics of Superstars", que « le phénomène des superstars, où un nombre relativement restreint de personnes gagnent des sommes d'argent considérables et dominent les activités qu'elles pratiquent, semble de plus en plus important dans le monde moderne ». Plus de trente-cinq ans après la publication de cet article, force est de constater que cette observation est plus que jamais d'actualité.

Légère différence de talent... forte différence de salaire

Une des hypothèses sur laquelle se base le modèle de Sherwin Rosen est celle que de petites différences de talents au sommet de la distribution peuvent entraîner de grandes différences de revenus, et ce principalement dans les domaines où les superstars ne sont pas substituables.

Prenons un exemple. Sur une chaîne d'assemblage dans une usine, imaginons qu'il soit possible de remplacer un ouvrier très productif par deux ouvriers moins productifs. Le salaire de l'ouvrier productif, qui a plus de talent que les deux autres, devrait certes être plus élevé que celui des ouvriers moins productifs, mais l'écart de salaire restera limité – au maximum 1 pour 2 sinon il devient plus rentable d'embaucher les deux employés moins productifs. Mais qu'en est-il si vous souhaitez remplacer Roger Federer sur un terrain de tennis ? Vous ne pouvez bien évidemment pas remplacer Federer par deux tennismen classés autour de la 100e place mondiale – même s'il est facile d'imaginer qu'à deux contre un, les tennismen gagneraient sans trop de problèmes un match contre Federer. Dans ce cas précis où le vainqueur gagne tout (*winnner-takes-all*), le salaire de Federer peut techniquement être infiniment plus élevé que le salaire du 100e joueur mondial.

Le phénomène des superstars est amplifié depuis quelques dizaines d'années par les nouvelles technologies de l'information et de la communication et par la mondialisation.

Au XIXe siècle, même si un chanteur avait une voix exceptionnelle et un talent bien supérieur à celui de tous les autres, il ne pouvait se produire qu'à un seul endroit à un seul moment, et son public était limité aux personnes présentes dans la salle pour l'écouter. L'absence de mobilité et de reproductibilité des œuvres impliquait la présence de nombreuses stars locales et l'écart de salaire entre les chanteurs les plus talentueux et les autres demeurait limité.

Aujourd'hui, avec le développement d'Internet et la digitalisation de la musique, rien de plus simple que d'écouter la nouvelle chanson de Beyoncé, n'importe où dans le monde, à la seconde même où celle-ci est mise en ligne – la musique étant parfaitement reproductible. Pourtant, le prix d'une chanson de Beyoncé sur iTunes ou Google Play est le même que le prix d'une chanson d'un artiste peu connu. Le prix d'une place pour un concert de Beyoncé est, il est vrai, peut-être deux ou trois fois plus élevé que pour un autre concert, mais la différence de salaire entre Beyoncé et les autres s'expliquent davantage par la capacité de la chanteuse à vendre des quantités beaucoup plus importantes d'une chanson qu'à sa capacité à vendre une chanson à un prix plus élevé. Les œuvres musicales ont en effet la particularité d'avoir un coût marginal (coût de reproduction) quasiment nul. Dans ce genre de situation, la meilleure manière d'augmenter ses revenus est alors de maximiser les quantités vendues à un prix relativement faible plutôt que d'essayer de vendre à un prix plus élevé une quantité fixe.

Offre, demande et salaire des superstars

Le marché des superstars se caractérise donc par une offre limitée et une demande très forte. Il n'y a qu'un seul Lionel Messi. Qu'un seul Cristiano Ronaldo. En face, il y a une multitude de clubs qui souhaitent attirer ces superstars dans leurs équipes, et surtout profiter des revenus qu'elles génèrent (amélioration des performances de l'équipe entraînant des revenus financiers, hausse des droits TV, vente de maillots…). L'illustration la plus parlante en est sans conteste l'explosion des revenus générés par les droits télévisuels en Angleterre, qui ont été multipliés par 25 en 25 ans et représentent désormais plus de 2,5 milliards d'euros redistribués chaque année aux clubs de la Premier League ! Étant donné les sommes en jeu, et l'impact potentiel d'une « superstar » sur la probabilité de victoire d'une équipe, on comprend facilement pourquoi les prix et les salaires connaissent une telle envolée depuis quelques années.

Il ne faut pas non plus oublier que, du côté de l'offre, la concurrence est rude pour atteindre le top niveau. Sur les centaines de milliers de jeunes qui souhaitent devenir footballeur professionnel, dont certains vont en partie sacrifier les études et loisirs pour essayer d'atteindre le top niveau, seulement une centaine de joueurs par an auront le privilège de jouer dans les meilleurs championnats du monde. Sans compter le risque de grave blessure pouvant entraîner une retraite anticipée et la durée souvent très courte des carrières de hauts niveaux. Alors certes, la poignée de joueurs qui réussiront à passer toutes les étapes et à grimper en haut de la pyramide aura un salaire très élevé. Mais il ne faut pas oublier les dizaines de milliers de personnes qui resteront bloquées en bas de la pyramide.

Talent ou popularité ?

Dans le modèle de Sherwin Rosen, le salaire des superstars dépend uniquement de leur talent. Mais en réalité, une autre variable semble avoir une importance non négligeable pour expliquer les différences de salaire : la popularité. Dans de très nombreux arts, le plaisir retiré par un consommateur dans la « consommation d'une œuvre » dépend en effet en grande partie de ses connaissances sur l'artiste et non uniquement de la qualité intrinsèque d'une œuvre (en supposant d'ailleurs qu'il soit possible de définir cela). Il y a de fortes chances que vous préfériez une œuvre de Pablo Picasso à celle d'un autre artiste non pas uniquement en raison de la qualité de l'œuvre, mais car vous en avez entendu parler en étant jeune et que vous connaissez quelques détails de la vie de Picasso ou de cette œuvre en particulier. Plus globalement, les agents économiques préfèrent consommer ce que les autres consomment. Et cela est aussi vrai pour la consommation de divertissement.

Selon Georges Adler, dans un article en réponse à Sherwin Rosen, le salaire des superstars ne dépend donc pas uniquement de leur talent, mais aussi de leur popularité. À talent équivalent, un artiste peut accéder au rang de « superstar » uniquement par chance au départ, puis l'effet popularité va ensuite faire le travail et lui permettre de garder son statut. Un artiste peut d'ailleurs aussi « forcer le destin » en bénéficiant de la popularité de ses parents, d'un réseau de mécènes, ou en faisant de la publicité pour ses œuvres en arpentant les plateaux télévisions.

Quelles implications économiques ?

Et d'un point de vue économique, cela pose quelques problèmes. En effet, dans cette situation, la « superstar » semble protégée par une barrière qui bloque l'accès au marché aux nouveaux entrants, aussi talentueux soient-ils.

La concentration d'un marché entre les mains de quelques « superstars » peut alors s'apparenter à un monopole économique et peut entraîner de nombreuses inefficiences de marchés. Georges Adler explique alors que lorsqu'un artiste talentueux mais peu populaire ne peut pas exercer son art car le marché est déjà capté par une « superstar », cela entraîne pour cet artiste non seulement une perte de revenu monétaire, mais aussi une perte de revenu « psychique » – un artiste n'étant heureux que lorsqu'il est en mesure d'exercer son art. Ce revenu monétaire, et ce sera le cas pour la société dans son ensemble, va donc être transféré vers la « superstar » qui va s'enrichir davantage encore, creusant ainsi d'autant plus les inégalités. Quant au revenu psychique perçu par un artiste, s'il n'est pas transférable, sa perte entraînera une perte d'utilité (de bonheur) au niveau global, et donc pour un économiste, une inefficience de marché dans le sens où l'allocation du capital humain n'est pas optimale.

Cette concentration du salaire dans les mains de quelques superstars n'est donc pas sans conséquence. De plus, la globalisation et l'émergence de superstars internationales – bien souvent américaines – favorise le développement d'une « culture globale » aux dépens des « cultures locales ». La standardisation de la culture, bien que pouvant stimuler une plus grande cohésion et le partage de valeur commune, ne semble pas forcément souhaitable à son paroxysme.

Tout cela étant dit, difficile d'imaginer une intervention de l'État qui puisse améliorer la situation facilement. Une solution possible : mettre en place un salaire maximum ou un « plafond de salaire » comme c'est déjà le cas en NBA (basket-ball américain). L'objectif serait alors de limiter le salaire des superstars ou, tout du moins, de limiter les écarts de salaires, et, dans le sport, de réduire les écarts entre les clubs les plus riches et les autres afin de renforcer l'équité. En 1942, le président des États-Unis Franklin Roosevelt proposait déjà une taxation de 100 % sur les revenus supérieurs à 25 000 dollars, soit environ 360 000 dollars (en dollars actuels) – un montant proche de la proposition de Jean-Luc Mélenchon d'instaurer un revenu maximum fixé à 20 fois le revenu médian. Alors, n'est-il pas venu le temps de rouvrir le débat du salaire maximum ?

34 Inégalités femmes-hommes : où en sommes-nous et que faire ?

Aujourd'hui en France, les femmes suivent des études plus longues que les hommes. Et pourtant, elles ne représentent que 41 % des cadres et professions intellectuelles supérieures, et les études économiques et sociologiques reconnaissant l'existence d'inégalités entre les genres sur le marché du travail ne cessent pas de se multiplier. Comment expliquer ces inégalités ? Comment essayer de les limiter ?

Les femmes et les hommes sur le marché du travail en France

Ces dernières décennies, les femmes ont davantage investi le marché du travail, comme en témoigne leur taux d'activité, qui n'a pas cessé d'augmenter pour converger vers celui des hommes (voir graphique ci-contre). Alors qu'en 1975 près de 53 % des femmes entre 15 et 64 ans étaient actives, en 2018, elles sont désormais 68 %.

Taux d'activité selon le genre des 15-64 ans (en %)

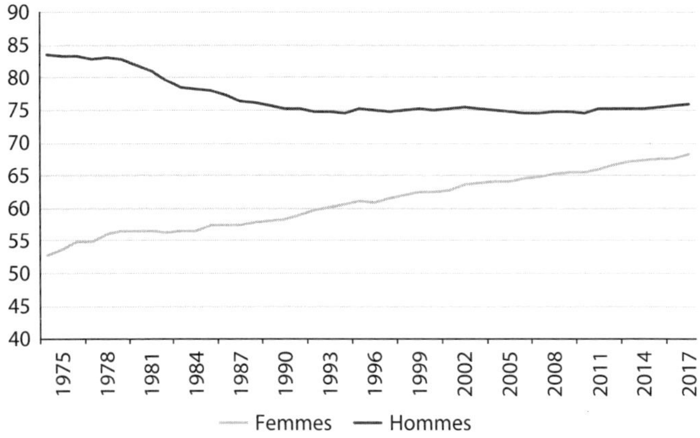

Source : Insee.

Il existe pourtant encore aujourd'hui un écart de salaire entre les hommes et les femmes. En effet, en moyenne en 2015, les femmes gagnaient 1 986 euros net par mois en équivalent temps plein, alors que leurs homologues masculins percevaient 2 438 euros par mois. Les femmes perçoivent donc en moyenne 81 % du salaire des hommes. Une autre façon de mesurer cet écart de revenu consiste à calculer la date à partir de laquelle les femmes travaillent gratuitement (cette date est déterminée en rapportant l'écart salarial entre les hommes et les femmes au nombre de jours ouvrés en 2018). En 2018, cette date symbolique était fixée au 6 novembre. Cet écart se vérifie dans toutes les catégories socioprofessionnelles, même chez les cadres et les hauts revenus. Cette différence se retrouve également à la retraite, puisque les femmes partent à la retraite avec des droits inférieurs à ceux des hommes de 38 %. Les droits conjugaux et familiaux (pensions de réversion par exemple) permettent néanmoins de réduire quelque peu cet écart.

Quelques définitions (Insee)

Le **taux d'activité** est le rapport entre le nombre d'actifs (actifs occupés et chômeur) et l'ensemble de la population correspondante.

Le **salaire en équivalent temps plein** correspond à un salaire converti à un temps plein pendant toute l'année, quel que soit le volume de travail effectif. Par exemple, un individu ayant occupé un poste de travail pendant six mois à 80 % et ayant perçu 15 000 euros aura un salaire en équivalent temps plein de 15 000/(0,5*0,8) = 37 500 euros par an.

D'où vient cet écart de salaire ?

En 2015, 42 % des femmes étaient diplômées du supérieur, alors que ce n'était le cas que de 35 % des hommes. Ce n'est donc en aucun cas parce que les hommes sont plus éduqués qu'ils gagnent plus. En revanche, les femmes ont tendance à choisir des filières différentes des hommes. Elles ont tendance à s'orienter plus souvent vers des formations paramédicales et sociales, ou vers des formations de langues, lettres et sciences humaines où elles représentent respectivement 85 % et 70 % des effectifs du supérieur en 2017-2018. À l'inverse, elles choisissent moins souvent les filières d'ingénieurs où elles ne représentent que 27 % des effectifs du supérieur.

Ces choix de filières ont des conséquences sur les trajectoires professionnelles puisqu'elles mènent à des professions et des secteurs d'activité spécifiques. Le marché du travail est donc fortement ségrégué avec des secteurs et des métiers majoritairement occupés par des femmes – notamment les secteurs dits sociaux comme l'éducation, la santé, l'action sociale – et d'autres par des hommes (voir graphique ci-contre). Or, les métiers à dominante féminine sont moins bien rémunérés. Les femmes occupent également plus souvent des emplois à temps partiel. En 2018, 29 % des femmes étaient en temps partiel contre seulement 8 % des hommes.

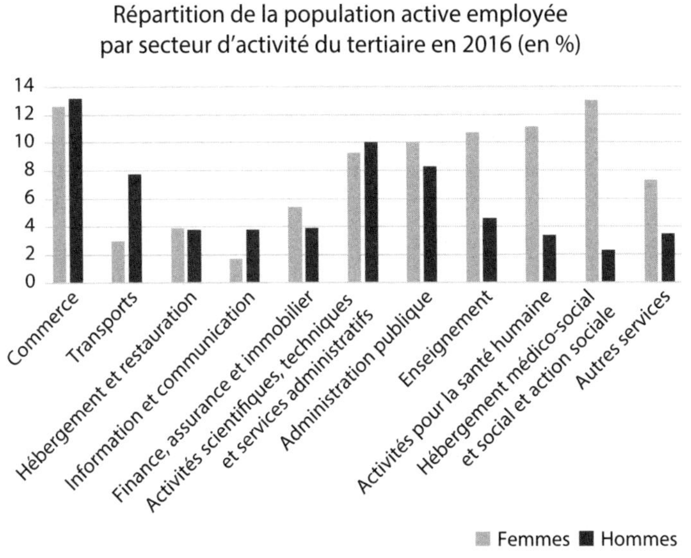

Note : en moyenne en 2016, 11 % des femmes ayant un emploi travaillent dans l'enseignement.

Source : Insee.

Il existe aussi des écarts de salaires entre les genres au sein de chaque métier puisque les femmes ont du mal à accéder aux emplois les plus rémunérés. Il s'agit du fameux phénomène du « plafond de verre » : les femmes évoluent moins vite mais aussi moins souvent vers les positions les plus élevées.

Les écarts de salaires et de positions occupées entre les hommes et les femmes augmentent avec le nombre d'enfants. Cela est dû principalement à la dégradation de la situation des femmes puisque l'on observe en moyenne une baisse des salaires des mères après la naissance d'un enfant. Plusieurs facteurs permettent de comprendre comment la maternité peut favoriser les divergences de trajectoires professionnelles entre les hommes et les femmes. La maternité est souvent synonyme d'interruption (même temporaire) de carrière ou de ralentissement de la progression. Certaines entreprises préfèrent embaucher ou promouvoir des salariés masculins qui ne s'absenteront pas (ou moins) à la suite d'une naissance.

Les femmes peuvent aussi choisir d'exercer leur activité à temps partiel ou au sein d'entreprises moins rémunératrices mais qui proposent des horaires de travail plus flexibles ou plus proches de leur domicile puisqu'elles ont intériorisé le fait qu'elles seront sûrement celles qui prendront soin des enfants. Ce qui se passe dans la sphère privée permet d'expliquer pourquoi les femmes n'accèdent pas aux mêmes emplois que leurs homologues masculins. Encore aujourd'hui, elles consacrent deux fois plus de temps par jour aux activités domestiques et parentales.

Comment réduire ces inégalités ?

Les lois luttant contre les discriminations peuvent permettre de limiter ces inégalités. En France par exemple, un article du Code du travail stipule que, à travail égal, le salaire doit être égal. Néanmoins, ces lois ne garantissent pas une trajectoire professionnelle identique à compétences similaires et ne s'attaquent nullement aux stéréotypes de genre. Elles ne peuvent donc résoudre qu'une partie du problème.

Les inégalités se construisent dès le plus jeune âge, notamment au moment des choix scolaires. Il est donc important de lutter contre les stéréotypes de genre à l'école afin de s'assurer que tous, filles et garçons, ont accès à toutes les filières et notamment à celles qui les mèneront à des emplois rémunérateurs. À ce titre, faire intervenir des femmes qui ont poursuivi des carrières dans les filières traditionnellement délaissées par les femmes dans les classes, afin qu'elles partagent leur expérience avec les filles, peut se montrer efficace (voir encadré ci-dessous).

Un exemple d'intervention « rôle modèle »

Une expérience a été menée en 2015-2016 dans les lycées de la région parisienne par Thomas Breda, Julien Grenet, Marion Monnet et Clémentine van Effenterre. Il s'agissait de faire intervenir pendant une heure des jeunes femmes et des jeunes chercheures dans des classes. Les intervenantes ont présenté les divers emplois qu'elles occupaient dans les domaines scientifiques, technologiques, mathématiques et d'ingénieurs. Elles ont expliqué que la demande pour ces emplois était croissante et que les femmes y étaient sous-représentées. L'intervention se poursuivait alors en déconstruisant les stéréotypes liés aux femmes dans les carrières scientifiques. Les intervenantes partageaient ensuite leur propre expérience avec les élèves. Les rôles modèles ont eu un effet non négligeable sur les choix éducatifs des filles puisque, à la suite de ces interventions, plus de filles en terminale ont choisi de s'orienter vers des filières scientifiques et technologiques.

Une partie des différences entre les genres sur le marché du travail s'explique par la maternité et la structure familiale. Les politiques en termes de congés parentaux ont donc un rôle à jouer pour lutter contre les inégalités de genre. En effet, il a été démontré que les congés maternité – à condition qu'ils ne soient pas trop longs – permettent de garantir la continuité de l'emploi pour les femmes retournant sur le marché du travail après avoir eu un enfant.

Néanmoins, si ces congés sont réservés aux femmes – ou principalement pris par les femmes – , cela peut aggraver les inégalités de genre sur le marché du travail. Les femmes s'absentant trop longtemps du marché du travail. Il est donc important de s'assurer que les femmes et les hommes ont et usent des mêmes droits en mettant en place, par exemple, des congés paternité attractifs. Cela a été fait en France en 2002 mais avec un congé de seulement 11 jours. À titre de comparaison, les pères finlandais peuvent prendre jusqu'à 54 jours de congé paternité payé et ceux vivant en Islande ont le droit à trois mois.

Outre les congés parentaux, il est important de s'assurer qu'il existe des systèmes de garde accessibles à tous et respectant les horaires de travail. Le manque de telles infrastructures risque en effet de réduire la participation des femmes au marché du travail ou de les pousser vers des emplois à temps partiel.

Aujourd'hui, en France, les femmes perçoivent un salaire plus faible que leurs homologues masculins. Cet écart est notamment dû au fait qu'elles n'occupent pas les mêmes emplois (temps de travail, catégorie socioprofessionnelle, secteur d'activité, etc.) et n'ont pas les mêmes perspectives d'évolution (plafond de verre). Néanmoins, tout espoir n'est pas perdu. En effet, des expériences récentes ont prouvé qu'en montrant aux filles, à l'aide d'exemples concrets, qu'il était tout à fait possible de poursuivre une carrière dans un domaine traditionnellement masculin, cela entraînait une plus grande diversité. Autre fait marquant, les inégalités de genre s'aggravent après la naissance d'un enfant. Cela tend à justifier la mise en place de politiques de congés parentaux égalitaires.

35 Dans quelle mesure la culture contribue-t-elle à la richesse nationale ?

La culture est « un ensemble des traits distinctifs, spirituels, matériels, intellectuels et affectifs, qui caractérisent une société ou un groupe social » selon la définition de l'UNESCO. Elle s'exprime sous la forme d'une création artistique, d'un patrimoine et plus généralement d'un ensemble de biens et services culturels.

L'analyse économique de la culture est relativement récente. En effet, les artistes ont toujours été en partie réticents à l'idée que leurs créations soient assimilées à des biens marchands, et les économistes ont de leur côté longtemps négligé les biens culturels, qui leur semblaient relever d'une activité spécifique et non lucrative.

Si la culture ne peut pas être perçue comme une activité seulement économique – le général de Gaulle la qualifiait même de « condition *sine qua non* de notre civilisation » –, elle n'en constitue pas moins un pan important de l'économie nationale qui génère de nombreuses externalités positives.

Quelle place occupe le secteur culturel dans l'économie nationale ? Quels sont ses différents effets directs et indirects ? Dans quelle mesure cette contribution économique de la culture justifie-t-elle des investissements publics et privés ?

Quel est le périmètre d'activité de la culture ?

Avant de pouvoir mesurer le poids économique de la culture, il apparaît nécessaire de déterminer le périmètre exact des activités culturelles. Cette détermination s'avère complexe tant est grand le nombre d'activités susceptibles de posséder une dimension culturelle et en raison du fait qu'il est difficile de distinguer la dimension créative d'une activité purement industrielle (comme par exemple le design au sein de la création automobile, la mode de l'habillement...).

Ainsi, le champ statistique de la culture a fait l'objet d'une harmonisation au niveau européen sous l'égide d'Eurostat. En France, cela a conduit le Département des études et de la prospective statistique (DEPS) du ministère de la Culture à retenir 29 codes d'activités culturelles au sein de la nomenclature d'activités française (NAF). Font ainsi partie du périmètre culturel l'audiovisuel, le spectacle vivant, le livre et la presse, les agences de publicité, l'architecture, les arts visuels, le patrimoine et l'enseignement culturel.

Cette nomenclature qui date de 2008 peine cependant à mesurer les activités liées au numérique, mettant probablement de côté de nombreux acteurs importants de ce secteur.

Une étude de l'Inspection générale des finances menée en 2013 retient également au sein du périmètre culturel des activités dites « indirectement culturelles », par exemple le secteur de la construction spécialisé dans la réhabilitation de monuments historiques.

Quel est le poids économique de la culture en France ?

Si l'on ne retient que les activités spécifiquement culturelles, le poids économique de la culture, c'est-à-dire la valeur ajoutée de l'ensemble des branches culturelles, est évalué par le DEPS à 47,5 milliards d'euros, soit 2,3 % du PIB en 2017. Cette part reste stable depuis 2013 malgré une crise structurelle du livre et de la presse. 630 000 personnes travaillaient en 2016 dans le secteur culturel, un nombre en progression de 4 % depuis 2008.

Si l'on tient également compte des activités indirectement culturelles, la valeur ajoutée des activités culturelles s'élevait en 2011, selon une étude de l'Inspection générale des finances réalisées en 2013, à 57 milliards d'euros, soit 3,2 % du PIB. À titre de comparaison, ce montant représente l'équivalent du secteur de l'agriculture et des industries alimentaires et sept fois celui de l'industrie automobile.

Quels sont les effets indirects de la culture sur l'économie locale ?

Ces résultats ne prennent cependant pas en compte les effets indirects et les externalités positives de la culture sur l'économie. En effet, la culture génère généralement des effets positifs sur d'autres secteurs économiques sans être directement rémunérée pour cela.

Tout d'abord, on peut estimer plusieurs « effets induits » par les activités culturelles, par exemple la construction ou la rénovation d'un musée contribue à soutenir l'activité du secteur de la construction et l'édition d'un livre favorise l'industrie de l'imprimerie. Ces effets ont été estimés en 2011 à 2,6 % du PIB par l'IGF. Ainsi, si l'on prend en compte l'ensemble de l'apport de la culture à l'économie, cette étude retient une contribution s'élevant au total à 5,8 % du PIB.

De plus, le secteur culturel a un effet multiplicateur sur l'économie locale. En effet, au-delà des effets directs (recours à des fournisseurs…), l'organisation d'un festival ou d'un grand événement dans une ville entraîne de façon indirecte une augmentation du nombre de nuitées réservées dans les hôtels, une fréquentation accrue dans les restaurants, davantage des visites touristiques dans la région… Ainsi, les subventions accordées à un festival sont comparées aux retombées économiques à l'échelle locale. La conduite d'enquêtes fait état de résultats très variés, d'un effet multiplicateur de 1,80 euro pour les Médiévales de Provins à 11 euros pour Jazz in Marciac.

On peut également comparer l'impact sur une économie locale (les réservations de nuits d'hôtel par exemple) de l'annulation ou de la présence d'un événement culturel, comme l'a fait Thibault Brodaty dans une étude de 2014 portant notamment sur « Lille 2004 » et l'annulation du festival d'Avignon en 2003, qui constate un impact significatif sur les territoires concernés.

Dans quelle mesure la culture est-elle un facteur d'attractivité ?

La culture a sur le long terme des effets importants sur l'image et l'attractivité d'un territoire, de l'échelon local jusqu'au niveau national. Elle contribue ainsi à faire de la France la première destination touristique du monde avec 89,4 millions de visiteurs en 2018. Une étude du cabinet Ernst & Young met en évidence le fait qu'un tiers des touristes déclare séjourner en France pour la culture du pays.

Les implantations culturelles participent également au développement des territoires, permettant d'attirer des entreprises et de la main-d'œuvre qualifiée. La mobilité du travail est favorisée par la présence d'infrastructures culturelles qui contribuent à la qualité du cadre de vie. L'étude de l'IGF de 2013 précédemment citée conclut à une corrélation positive entre la présence d'une implantation culturelle et le développement territorial.

La culture peut enfin favoriser l'innovation en libérant les formes d'expression et la créativité. Le design joue notamment un rôle important dans la diffusion et le succès de nombreux produits industriels.

Qu'en est-il du côté de la demande ?

L'investissement dans le secteur culturel tend à s'auto-alimenter sur le long terme. En effet, on observe que l'utilité marginale de la consommation culturelle, qui tire souvent ses origines des cercles familial, amical et scolaire, est croissante, contrairement à celle des biens classiques pour lesquels elle est décroissante. Cela signifie que le fait de consommer des biens et services culturels, loin de satisfaire un désir, engendre une envie d'en consommer davantage.

De plus, l'utilité retirée par la culture est supérieure à celle relative à un bien classique. En effet, la culture renforce la capacité de dialoguer avec les autres et augmente le bien-être au travail et la productivité, entre autres effets positifs.

Pourquoi ces effets justifient-ils les investissements publics et privés dans la culture ?

En 1966, une étude fondatrice de l'économie de la culture a été menée par William Baumol et William Bowen. Elle théorise une augmentation structurelle des coûts au sein d'une filière culturelle, le spectacle vivant (à partir de l'exemple des théâtres de Broadway). On l'appelle généralement la « loi de Baumol ». Pour résumer cette théorie, le spectacle vivant voit ses gains de productivité progresser plus faiblement que d'autres secteurs innovants et à fortes économies d'échelle du fait de ses caractéristiques intrinsèques. En effet, cela peut s'expliquer par exemple par le fait qu'on ne peut pas réduire le nombre d'acteurs d'une pièce de Molière sans la dénaturer. Parallèlement, les coûts de production et les rémunérations évoluent de la même manière que dans le secteur progressif. De plus, le succès et la notoriété de certains artistes, qui implique une hausse de leurs cachets, tendent également à renforcer l'augmentation des coûts.

Ce modèle reste contestable à plusieurs égards en raison de ses hypothèses et constats simplificateurs et ne saurait pas expliquer tous les ressorts économiques du secteur culturel. Néanmoins, les auteurs justifient tout de même la nécessité d'un financement public de la culture en mettant en avant que le spectacle vivant est en réalité un « bien semi-public » du fait des externalités positives précédemment évoquées.

La présence de ces externalités positives est en effet l'une des justifications de l'investissement public. En effet, le marché ne s'intéresse pas aux externalités qui concernent la société, mais seulement à la somme des utilités individuelles. L'État a donc intérêt à encourager l'existence de ces externalités positives qui seraient moindres sans son intervention.

Ces externalités positives ne se limitent pas à celles évoquées précédemment, mais ont également d'autres dimensions, telles que la dimension éducative et patrimoniale des arts, le renforcement du lien social, l'émancipation du citoyen et l'épanouissement personnel et collectif. Les politiques publiques attachent ainsi beaucoup d'importance au renforcement de l'égalité d'accès à la culture et au soutien à la diversité culturelle afin de favoriser l'éclectisme culturel et l'indépendance artistique.

Des entreprises choisissent également la voie du mécénat pour s'associer à des événements ou institutions culturelles et contribuent ainsi au « vivre ensemble » sur un territoire.

La culture contribue donc à la richesse nationale de manière directe, par la production et les emplois générés, mais également plus largement, de manière indirecte, par les effets induits et par les nombreuses externalités positives.

36 Les immigrés sont-ils responsables du chômage ?

En 2016, 378 115 individus ont immigré en France et les immigrés représentaient 10 % de la population active. Beaucoup de choses sont dites sur l'immigration et ses impacts présumés. Elle est notamment souvent accusée de générer du chômage ou de tirer les salaires vers le bas. Mais qu'en est-il réellement ?

Quel est le rapport entre immigration, chômage et salaires ?

Qui dit flux migratoires dit flux de main-d'œuvre, ce qui vient nécessairement modifier les conditions d'équilibre sur le marché du travail. L'un des principaux arguments évoqués pour justifier des mesures limitant ou même interdisant l'immigration est son impact présumé sur le chômage ou sur les salaires.

À la base de cet argumentaire se trouve l'idée selon laquelle la hausse de l'offre de travail résultant d'une vague migratoire entraîne, toutes choses étant égales par ailleurs, une baisse des salaires. En effet, selon la loi de l'offre et de la demande,

Étranger : personne résidant en France et qui ne détient pas la nationalité française.

Immigré : personne étrangère née à l'étranger et résidant en France. Un immigré n'est donc pas forcément un étranger puisqu'il peut avoir acquis la nationalité depuis son arrivée en France. Réciproquement, un étranger peut ne pas être un immigré s'il est né en France (les mineurs notamment).

Source : Insee.

quand l'offre augmente – et que la demande reste inchangée – le prix baisse. Or ici, le prix du travail est le salaire. Dans le cas où les salaires sont rigides (en France par exemple, où il existe un salaire minimum), la hausse de l'offre de travail se traduirait par un ajustement, non par les prix, mais par les quantités et donc du chômage. Une partie de la population, migrants ou natifs, se retrouverait donc au chômage, ce qui aurait un coût pour la société tout entière (allocations chômage).

De la simplicité à la réalité

Cependant, les données montrent que s'il existe une corrélation entre le taux de chômage et la part de la population née à l'étranger, celle-ci tendrait à être plutôt négative :

Figure 1 Chômage et population née à l'étranger

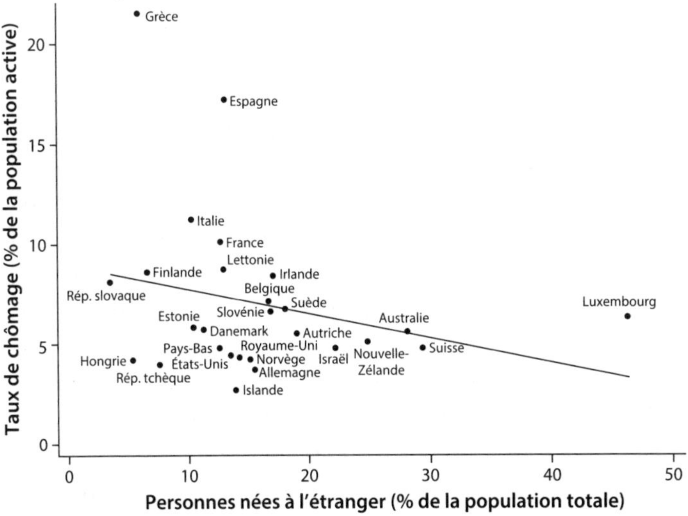

Source : d'après les données de l'OCDE de 2016.

Figure 2 Niveau d'éducation selon le lieu de naissance en 2016 en France* (en %)

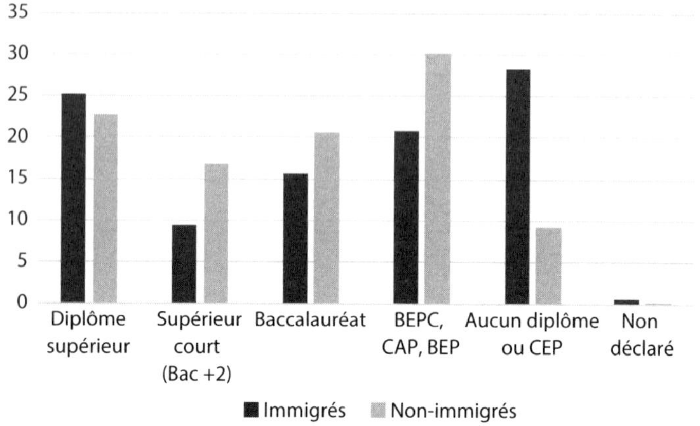

* Population salariée de 15 ans ou plus.

Source : d'après les données du ministère de l'Intérieur.

Si le raisonnement évoqué ci-dessus ne résiste donc pas à l'épreuve des faits, c'est tout simplement à cause de ses hypothèses restrictives. Tout d'abord, cette théorie repose sur le fait que le stock d'emplois dans l'économie est fixe. Or, chaque jour, des emplois se créent et se détruisent, le marché du travail n'est pas un gâteau à partager entre natifs et immigrés. Les individus ayant migré ne représentent pas uniquement une main-d'œuvre, ce sont aussi des consommateurs potentiels et qui peuvent à ce titre stimuler la demande globale et la croissance économique d'un pays, qui vont à leur tour stimuler l'emploi.

Le deuxième écueil consiste à considérer que les migrants et les natifs sont parfaitement homogènes et substituables. En réalité, les travailleurs immigrés sont en moyenne moins éduqués que les natifs – même si leur niveau d'éducation a augmenté dans le temps – et beaucoup occupent des emplois qui ne sont pas pourvus par les natifs (voir figure 2 ci-contre). Les immigrés sont par exemple surreprésentés dans le secteur de la construction, secteur où les employeurs déclarent avoir des difficultés à recruter. Dès lors, travailleurs immigrés et natifs ne seraient pas substituables mais complémentaires. L'immigration permet par conséquent d'apaiser certaines tensions sur le marché du travail. S'il existe une concurrence, elle est plutôt à chercher entre les différentes vagues d'immigration.

Que nous enseigne le passé ?

Plusieurs vagues migratoires passées, aux États-Unis ou en Europe, nous permettent d'avoir une idée des impacts potentiels de l'immigration sur le marché du travail. Les études concluent que l'impact global de l'immigration sur les salaires et l'emploi des travailleurs autochtones est proche de zéro, bien qu'il existe des effets de redistribution au niveau local.

Ainsi, un article récent de George Borjas et Joan Monras (2017) étudie les effets de quatre grandes vagues de flux migratoires : l'exode de Mariel en 1980, épisode durant lequel Fidel Castro expulse 120 000 Cubains qui viennent trouver refuge en Floride ; l'arrivée de près d'1,5 million de réfugiés en France en 1962 à la suite de l'indépendance de l'Algérie ; l'afflux de près de 500 000 migrants juifs en Israël après la chute de l'Empire soviétique au début des années 1990 et l'arrivée de réfugiés en Europe pendant la guerre de Yougoslavie dans les années 1990.

Bien que les contextes soient très différents, ces vagues migratoires ont toutes eu un impact positif sur le marché du travail (salaires, conditions de travail) pour les natifs dont le travail était complémentaire à celui des migrants, et un impact négatif pour ceux qui étaient en concurrence, soulignant l'effet distributif de l'immigration. L'ouvrage d'E. M. Mouhoud (*L'immigration en France. Mythes et réalités*, 2017) propose une revue de littérature plus détaillée.

Que faut-il retenir ?

Se poser la question de l'impact de l'immigration sur le marché du travail est tout à fait légitime puisque les flux migratoires génèrent un « choc » positif sur l'offre de travail. Sous certaines conditions assez restrictives (nombre d'emplois fixes et travailleurs homogènes et substituables), cette immigration pourrait être une source de chômage et de baisse des salaires. Néanmoins, cela ne correspond pas à la réalité observée en France ou dans la plupart des pays développés puisque le nombre d'emplois n'est pas constant et que natifs et immigrés sont souvent loin d'être en concurrence sur le marché du travail. La théorie ainsi que les expériences passées tendent à montrer que l'impact global de l'immigration sur les salaires et sur l'emploi est donc proche de zéro.

Cependant, à y regarder de plus près, une analyse microéconomique suggère des effets distributifs et un impact hétérogène : certaines franges de la population peuvent souffrir de la concurrence avec les migrants alors que d'autres (travailleurs complémentaires) en bénéficieraient. Il faut néanmoins garder à l'esprit que l'immigration est un phénomène complexe ayant de multiples conséquences, loin de se limiter au seul marché du travail dans le pays d'accueil (impact dans les pays d'origine, sur les finances publiques, etc.).

37 Le système éducatif français produit-il des cancres ?

« Le facteur essentiel du développement du progrès n'est pas le capital, comme on l'a cru longtemps, mais le savoir des hommes, leur aptitude à créer des richesses. »
(Alfred Sauvy, *Mythologie de notre temps*, 1965)

L'éducation est un droit fondamental reconnu dans la Déclaration universelle des droits de l'homme de 1948. Une éducation de bonne qualité permettant à chacun de réaliser pleinement son potentiel est une des pierres angulaires de toute société prospère. Or aujourd'hui, nombre de critiques s'accordent à dire que le système éducatif français accuse un certain nombre de défaillances qui pèsent sur la société dans son ensemble et sur les perspectives économiques. Mais qu'en est-il réellement ?

Quel rôle l'éducation joue-t-elle dans le développement économique d'un pays ?

Avant toute chose, il est nécessaire de comprendre pourquoi l'éducation est un des piliers du développement économique. Bien que l'importance du savoir et de l'apprentissage ait déjà été mentionnée entre autres par Adam Smith ou Alfred Marshall, les théories de la croissance ont longtemps négligé le rôle du **capital humain** dans la croissance. Il a fallu attendre les années 1960 pour que deux prix Nobel d'économie,

Capital humain : ensemble des capacités physiques et intellectuelles qui peuvent être utilisées dans la production et permettant à un individu d'être plus efficace. Ces capacités peuvent être variées : savoir inculquer par l'éducation et la formation, expérience professionnelle, état de santé...

Theodore Schultz et Gary Stanley Becker, développent une théorie qui place l'éducation au centre du processus productif.

Selon Becker, l'éducation est un investissement impliquant un certain nombre de coûts – directs (frais de scolarisation par exemple) et indirects (temps passé à l'école plutôt qu'au travail) – permettant à l'individu d'être plus efficace, d'augmenter sa productivité et donc ses revenus futurs. On parle d'ailleurs de « rendements de l'éducation ». La théorie économique reconnaît donc le rôle crucial de l'éducation dans la croissance, car plus une population est éduquée, plus elle est productive et innovante.

Outre ses effets directs sur les capacités productives des travailleurs, l'éducation est aussi un moyen efficace d'améliorer la santé d'une population, ce qui favorise également les perspectives de croissance. Ainsi, les individus plus éduqués ont de meilleures chances d'être en bonne santé, non seulement parce qu'ils ont un revenu plus élevé mais également parce qu'ils sont davantage informés sur les maladies potentielles et plus aptes à identifier les symptômes. Ils sont donc plus à même d'agir rapidement pour les éviter. Comme souligné dans le *Rapport mondial sur le suivi de l'éducation pour tous* de l'UNESCO de 2014, améliorer l'éducation des femmes permet ainsi de réduire significativement la mortalité infantile.

De nombreux travaux empiriques ont confirmé que le nombre d'années d'études moyen de la population pouvait en partie expliquer les divergences de croissance économique entre pays. Par exemple, en 2007, Daniel Cohen et Marcelo

Soto ont montré que l'augmentation de l'éducation expliquait mieux les trajectoires de croissance que ne pouvait le faire l'accumulation du capital physique. Plus récemment, cette mesure du capital humain a été complétée afin d'intégrer non seulement la quantité d'éducation (durée moyenne des études) mais aussi sa qualité (savoirs acquis par les individus mesurés lors de tests de connaissances). Ces travaux, notamment ceux d'Eric Hanushek, montrent que pour stimuler la croissance économique, la dimension qualitative de l'éducation est essentielle : il faut non seulement que les enfants aillent à l'école, mais aussi qu'ils y apprennent véritablement.

Les élèves français sont-ils de moins en moins bons ?

Qu'en est-il en France ? Quel est le niveau des élèves français ? Plusieurs enquêtes internationales permettent d'évaluer le niveau des connaissances des élèves français, de voir son évolution et de le comparer avec celui d'autres pays développés. L'enquête PISA, pilotée par l'OCDE, évalue ainsi, tous les trois ans depuis 2000, le savoir des élèves de 15 ans en sciences, mathématiques et lecture. La dernière vague d'enquêtes a eu lieu en 2015 dans 72 pays.

Contrairement à ce que l'on entend parfois, la France n'est pas en décrochage complet en matière d'éducation. Si l'on regarde sur une plus longue période, les résultats scolaires des élèves s'étaient certes dégradés entre 2000 et 2006, mais se sont depuis stabilisés (voir figure 1 ci-après). Les tests PISA tendent à montrer que la France se situe dans la moyenne de l'OCDE, que ce soit en mathématiques, en lecture ou en sciences (voir figure 2 ci-après).

Certes, la France affiche de moins bons résultats que Singapour, le Japon ou encore la Finlande, mais, en moyenne, les élèves français sont loin d'être à la traîne !

Figure 1 Évolution des résultats aux tests PISA en France

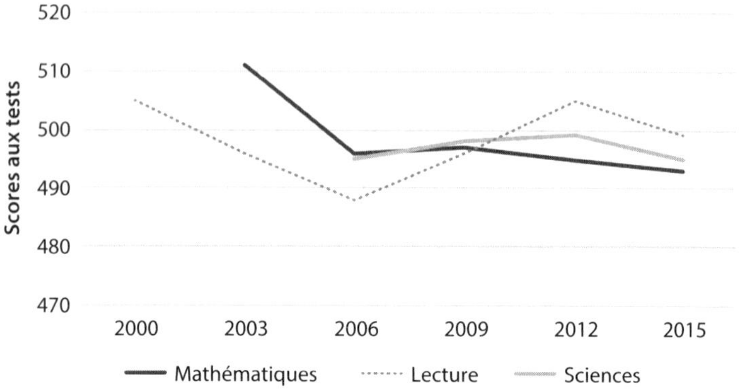

Source : d'après les données PISA.

Figure 2 Résultats aux tests PISA en 2015

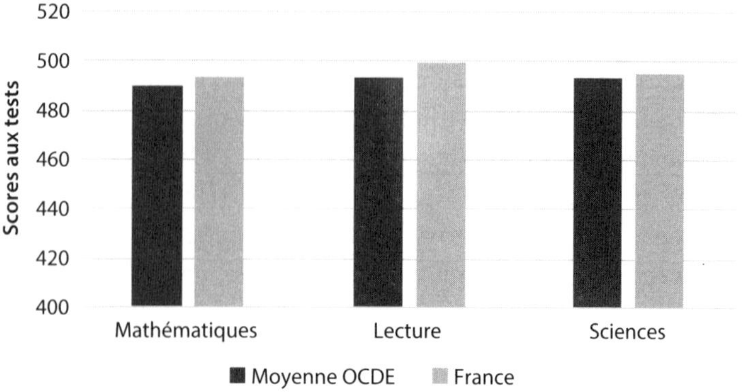

Source : d'après les données PISA.

Le système éducatif français est-il inégalitaire ?

Prétendre que, en moyenne, les compétences des élèves ont chuté en France est donc faux. Derrière ce constat général, il est cependant difficile d'appréhender l'hétérogénéité des situations. Il est en effet tout à fait possible que certains enfants accusent un retard important. L'école est supposée garantir l'égalité des chances en inculquant à chacun – quels que soient son sexe, son origine… – un savoir qui lui permettra d'accéder à une vie meilleure. Or, le système éducatif français est marqué par de fortes inégalités socio-économiques, plus importantes que dans la plupart des autres pays membres de l'OCDE.

Si les écarts de connaissances entre les filles et les garçons se sont réduits, l'école en France ne semble pas pour autant échapper au déterminisme social : 20 % des différences de résultats en sciences entre les élèves sont expliquées par leur statut socio-économique, contre seulement 13 % pour la moyenne des pays de l'OCDE. Cette situation est préoccupante dans la mesure où ces inégalités scolaires se répercuteront inévitablement sur le marché du travail et dans la vie future des élèves.

Pourquoi l'école française n'arrive-t-elle donc pas à corriger les inégalités socio-économiques ? Une piste évoquée par l'OCDE est celle des différences entre les établissements des enfants les plus défavorisés et ceux qui le sont moins. Les écoles qui accueillent les élèves venant de milieux défavorisés sont bien moins dotées que les autres établissements, notamment en ce qui concerne le corps enseignant. Les enseignants de ces institutions sont en effet rarement certifiés, souvent beaucoup plus jeunes et inexpérimentés.

Loin de céder au fatalisme, cette situation n'est pas inexorable. Des politiques publiques actives pourraient être mises en place afin d'inciter des enseignants motivés et expérimentés à enseigner dans des établissements de zones défavorisées, comme cela a été le cas dans d'autres pays comme la Corée du Sud (supplément de revenus, classes à effectif réduit, etc.). Une autre piste serait de proposer un enseignement davantage personnalisé et un suivi plus important pour les enfants des milieux défavorisés, comme cela a été fait en Finlande par exemple.

Que faut-il retenir ?

La théorie économique ainsi que les faits empiriques placent l'éducation au cœur de la croissance économique. En effet, l'éducation permet d'améliorer la productivité du travail et d'augmenter les capacités d'innovation de l'économie, stimulant par là même la croissance. S'assurer que la population d'un pays reçoit une éducation de bonne qualité représente donc un enjeu majeur.

Sur ce point, la France n'est pas, contrairement à ce qu'affirment certains observateurs, à la traîne. Les élèves français semblent en effet se situer dans la moyenne de l'OCDE. Néanmoins, le système éducatif français reste fortement inégalitaire. Les résultats scolaires des élèves sont marqués par un fort déterminisme social. Une réflexion est donc nécessaire pour savoir quelles politiques publiques pourraient permettre de remédier à cette situation.

38 La réforme de la formation professionnelle va-t-elle révolutionner le marché du travail en France ?

Le système français de la formation professionnelle a été profondément bouleversé au cours des dernières années : pour répondre à quelles problématiques ? Avec quels objectifs ? Pour quelles conséquences ? C'est à ces questions que nous tentons de répondre ici.

Marché du travail français : quels enjeux ?

La France affiche un retard en termes de compétences des élèves et des adultes par rapport à la plupart des économies avancées. Selon les résultats de l'enquête du Programme international pour le suivi des acquis des élèves de quinze ans (PISA, 2015) de l'Organisation de coopération et de développement économiques (OCDE), la France est classée 24ᵉ en mathématiques, 19ᵉ en compréhension de l'écrit et 24ᵉ en sciences. Ces conclusions sont confirmées par les résultats de l'enquête du Programme pour l'évaluation internationale des compétences des adultes (PIAAC, 2012-2015) de l'OCDE.

Ces lacunes françaises génèrent des tensions sur le marché du travail. Le niveau de chômage de longue durée en France est en moyenne plus élevé que chez la plupart de ses voisins européens. Selon les données d'Eurostat, il a atteint 3,8 % en France en 2018 (contre 1,4 % en Allemagne).

Par ailleurs, les employeurs rencontrent des difficultés croissantes de recrutement. Ainsi, selon les résultats de l'enquête sur les besoins en main-d'œuvre (BMO, 2019) de Pôle emploi, 50 % des projets de recrutement sont anticipés comme difficiles. De plus, plusieurs enquêtes effectuées auprès des employeurs identifient les lacunes des candidats en termes de compétences comme l'une des principales barrières à l'embauche.

Le système français de formation professionnelle ne parvient pas à enrayer ces difficultés. Selon les résultats de l'enquête relative à l'éducation des adultes (AES) d'Eurostat, le taux de participation à la formation continue (nombre de personnes en bénéficiant rapporté au nombre total de salariés), de 51,3 % en France en 2016, avoisine celui de l'Allemagne (52 %). Cependant, cette moyenne cache de fortes disparités par niveau de qualification, le taux variant de 72,1 % pour les plus qualifiés à 25,1 % pour les moins qualifiés en France (contre respectivement 68,6 % et 27,4 % en Allemagne).

L'**apprentissage** repose sur le principe de l'alternance entre enseignement théorique en centre de formation d'apprentis (CFA) et formation au métier chez l'employeur avec lequel l'apprenti a signé son contrat.

La **formation continue** s'adresse aux adultes déjà présents sur le marché du travail, quel que soit leur âge ou leur statut au regard de l'emploi. Elle leur permet de se former tout au long de leur parcours professionnel et de développer leurs compétences, en vue d'accéder à l'emploi, de s'y maintenir ou encore d'en changer.

Réforme du système français de formation professionnelle : quels objectifs ?

La réforme du système français de formation professionnelle a pour objectif d'améliorer le fonctionnement structurel du marché du travail français en augmentant le niveau de compétences des actifs. Cette réforme s'articule autour de trois axes : le renforcement de l'attractivité de la formation – notamment à destination des moins qualifiés –, la rationalisation et la transparence de la gouvernance du système ainsi que la lisibilité du système de formation professionnelle. Le calendrier de la réforme, les acteurs et les dispositifs de formation professionnelle sont présentés dans les tableaux ci-dessous.

Calendrier de la réforme
du système de formation professionnelle

Date d'entrée en vigueur	Catégorie	Principales mesures
1er janvier 2019	Apprentissage	Assouplissement du droit du travail des apprentis : limite d'âge relevée à 30 ans, durée minimale abaissée à 6 mois, allègement des règles relatives aux conditions de rupture du contrat et à la durée du travail des jeunes apprentis Aide unique pour les entreprises de moins de 250 salariés et les diplômes et titres infra-bac Aide au permis de conduire, revalorisation de la rémunération Liberté de création de centres de formation d'apprentis (CFA) sans accord des régions

Date d'entrée en vigueur	Catégorie	Principales mesures
1er janvier 2019	Création de France compétences	Répartition et versement des fonds mutualisés aux acteurs en charge des différents dispositifs Régulation de la qualité de la formation Formulation de recommandations sur les coûts, règles de prise en charge et accès à la formation
		Redéfinition du plan de formation en plan de développement des compétences
	Dispositifs	Monétisation du compte personnel de formation (CPF) Création du CPF transition professionnelle (ex-CIF) Création du dispositif « Pro-A » (ex-contrats de professionnalisation et de reconversion ou promotion par l'alternance)
28 février 2019	Financement de la formation	Collecte par les organismes paritaires collecteurs agréés (OPCA) et organismes collecteurs de la taxe d'apprentissage (OCTA) de la contribution formation et de la taxe d'apprentissage au titre de 2018
mars 2019	Qualité de la formation	Publication du référentiel de certification des organismes de formation et des CFA

Date d'entrée en vigueur	Catégorie	Principales mesures
1er avril 2019	Financement de la formation	Agrément définitif des organismes de compétences (OPCO – ex-OPCA)
	Apprentissage	Détermination par les branches du niveau de prise en charge des contrats d'apprentissage pour chaque titre et diplôme préparé
Automne 2019		Lancement de l'application mobile du CPF
	Financement de la formation	Collecte par les OPCO de la contribution unique pour la formation et l'apprentissage au titre de 2019
1er janvier 2020	Apprentissage	Participation au financement des contrats d'apprentissage par les OPCO
	Gestion des dispositifs	Gestion par la caisse des dépôts et consignation (CDC) du CPF (auparavant géré par les OPCA/OPCO) Gestion par les commissions paritaires interprofessionnelles régionales (CPIR) du CPF transition professionnelle (auparavant géré par les Fongecif) Gestion par les opérateurs habilités du conseil en évolution professionnelle (CEP – auparavant géré par les Fongecif et Opacif)
Printemps et automne 2020	Financement de la formation	Collecte par les OPCO de la contribution unique pour la formation et l'apprentissage au titre de 2020

Date d'entrée en vigueur	Catégorie	Principales mesures
Printemps 2020		Intégration des abondements dans le système de gestion de la CDC
1er janvier 2021	Financement de la formation	Collecte par les unions de recouvrement des cotisations de sécurité sociale et d'allocations familiales (Urssaf) de la contribution unique pour la formation et l'apprentissage au titre de 2021
	Qualité de la formation	Certification obligatoire des organismes de formation
1er janvier 2022	Qualité de la formation	Certification obligatoire des CFA

Acteurs et dispositifs de la formation professionnelle

Acteurs	Dispositifs	À l'initiative des :
Caisse des dépôts et consignation (CDC)	Compte personnel de formation (CPF)	Individus
Commissions paritaires interprofessionnelles régionales (CPIR)	Projets de transition professionnelle (notamment CPF transition professionnelle)	
France compétences	Conseil en évolution professionnelle (CEP) à destination des actifs occupés (hors agents publics)	
État	Formation des demandeurs d'emploi (notamment le plan d'investissement dans les compétences [PIC], doté de 1,5 milliard d'euros)	

Acteurs	Dispositifs	À l'initiative des :
Opérateurs de compétences (OPCO)	Plan de développement des compétences au bénéfice des entreprises de moins de 50 salariés	Employeurs
	Dispositif « Pro-A »	Individus et employeurs
Régions	Financement des centres de formation d'apprentis (CFA)	
	Besoins d'aménagement du territoire et de développement économique	

Réforme du système de formation professionnelle : quelles implications ?

Les apports attendus de la réforme du système français de formation professionnelle sont multiples. En effet, l'allègement des démarches administratives, la redéfinition du plan de formation en plan de développement des compétences, la plus grande lisibilité de l'offre de formation grâce à la certification ainsi que la digitalisation de la formation doivent simplifier la mise en œuvre de la formation au sein des entreprises.

De plus, la libre création des centres de formation d'apprentis (CFA) sans accord des régions, la co-construction du contenu pédagogique des diplômes avec l'État et la participation des partenaires sociaux au conseil d'administration de France compétences doivent améliorer la prise en compte des besoins des entreprises au sein du système de formation professionnelle.

Par ailleurs, l'aide unique pour l'apprentissage aux entreprises de moins de 250 salariés et le financement du plan de développement des compétences par les organismes de compétences pour les entreprises de 50 salariés et moins permettent à ces entreprises de financer d'éventuelles formations et en encouragent donc l'usage.

Cependant, plusieurs limites à cette réforme ont également été soulignées. En effet, la difficulté de certains actifs à s'approprier le compte personnel de formation (CPF), notamment parce que cela requiert une autonomie importante, la non-prise en compte de certaines catégories de salariés par la loi (en particulier les travailleurs indépendants et les fonctionnaires) ainsi que le fait que les actifs plus qualifiés bénéficient davantage de formations que les autres pourraient renforcer les inégalités en termes d'accès des individus à la formation.

En outre, l'introduction du Smic à partir de 26 ans pour les apprentis ainsi que la suppression du financement du plan de développement de compétences des entreprises de plus de 50 salariés et des compléments de rémunération versés par les entreprises aux salariés génèrent un coût supplémentaire pour les entreprises, qui pourraient de ce fait se montrer plus réticentes à les former.

En dépit de sa perfectibilité, la réforme de la formation professionnelle a suivi la plupart des préconisations formulées aux niveaux académique et institutionnel afin d'améliorer la situation sur le marché du travail français. En effet, le développement de la formation professionnelle devrait améliorer l'employabilité des individus et par suite accroître leur productivité.

Toutefois, les effets macroéconomiques de cette réforme ne seront décelables qu'à long terme et dépendront de la capacité des différents acteurs à se l'approprier. Outre l'accroissement des compétences des individus, des mesures complémentaires permettraient également de lever certaines barrières à l'embauche, notamment sur les professions en tension, et par suite d'améliorer la situation sur le marché du travail, à savoir : augmenter le niveau de salaire d'embauche proposé par les entreprises, améliorer les conditions de travail et d'emploi, faciliter la mobilité professionnelle et géographique. La mise en place d'un suivi et d'une évaluation rigoureuse devra permettre de mesurer tous les effets de cette réforme qui s'inscrit dans un contexte global d'évaluation.

39 Les robots vont-ils nous remplacer ?

Les innovations technologiques entraînent des évolutions qui impliquent de remodeler les normes sociétales pour en construire de nouvelles. Elles remettent en cause nos modes de vie, nos habitudes, nos envies, nos aspirations. C'est pourquoi nous ressentons vis-à-vis d'elles un double sentiment d'excitation et de crainte.

Les révolutions des Luddites aux alentours de 1810 en Angleterre ou des Canuts dans les années 1830 à Lyon ont émergé à la suite de la mécanisation du métier à tisser. Ce progrès n'a pas pour autant fait disparaître l'emploi : en France, en 1800, la population active était estimée à 13 millions d'individus ; en 2015, elle était de 26 millions, selon l'Insee.

L'inquiétude à l'égard des innovations reste malgré tout d'actualité, car l'entrée dans l'ère du numérique et de l'intelligence artificielle fait craindre une disparition massive des emplois. Cette révolution serait d'une autre nature que celle vécue au XIXe siècle, plus rapide, concernant plus, voire la totalité, des secteurs de l'économie : des médecins remplacés par des intelligences artificielles, les nouveaux emplois de l'Internet déjà concurrencés par des algorithmes, les *chat bots* autonomes sur les sites e-commerce, les outils de gestion bancaire de plus en plus dématérialisés, des enseignements en ligne se substituant aux professeurs… Tous ces exemples laissent penser que le marché de l'emploi se délite face aux innovations du numérique, au premier rang desquelles, l'intelligence artificielle.

Alors, allons-nous perdre nos emplois au profit des machines ? Les nouvelles technologies vont-elles trop loin ? Sommes-nous condamnés à ne plus travailler ? Doit-on avoir peur ?

Petite analyse théorique préalable

L'analyse de l'impact des innovations sur l'emploi s'appuie sur les théories de la « destruction créatrice » et du « déversement sectoriel » développées respectivement par Joseph Schumpeter et Alfred Sauvy. Tous deux estiment que l'innovation est source de chômage en ce qu'elle entraîne le remplacement des hommes par les machines, mais pas uniquement. Dès lors que l'innovation est en marche, elle permet à l'entreprise qui la détient de faire des gains de productivité : elle va produire mieux et moins cher. Elle peut ainsi baisser ses prix pour gagner des parts de marché aux dépens de celles qui n'ont pas innové. Ces dernières, se retrouvant sans débouchés, vont faire faillite, provoquant ainsi une augmentation importante du chômage.

Mais ce mécanisme, nous disent ces auteurs, est de courte durée. Par la suite, la baisse des prix permet aux consommateurs de dégager du pouvoir d'achat qu'ils orientent vers d'autres secteurs. Ces derniers sont ainsi dynamisés et vont donc embaucher : le chômage diminue à nouveau. Dans le même temps, l'innovation a créé des emplois plus qualifiés, donc mieux rémunérés, ce qui soutient la consommation.

Ainsi, pour qu'une innovation ait un bénéfice sur l'économie et l'emploi, il est nécessaire qu'elle permette des gains de productivité et que ces derniers soient redistribués : aux actionnaires par l'augmentation des dividendes, aux salariés par l'augmentation des salaires, aux consommateurs par la baisse des prix. Remarquons que les augmentations de salaire peuvent aussi consister en une diminution du temps de travail ou une amélioration des systèmes sociaux, à rémunération égale. Le débat actuel autour du revenu universel considère plus globalement cette thématique de redistribution des gains de productivité.

Quels gains de productivité les innovations apportent-elles ?

Les innovations actuelles permettent-elles de gagner en productivité ? Cette question rappelle le paradoxe mis en évidence par Robert Solow au moment de l'avènement de l'ordinateur. L'économiste, spécialiste des questions de croissance, avait remarqué que la présence des ordinateurs dans une large partie des entreprises et des foyers ne se traduisait pas par une augmentation de la productivité en raison du temps nécessaire aux individus et aux organisations pour « absorber » ces innovations (accumuler assez de connaissances pour en utiliser tout le potentiel).

D'après Erik Brynjolfsson, Daniel Rock et Chad Syverson (2018), la croissance des gains de productivité a baissé de 3,5 % par an en 1970 à 1 % en 1980, réaugmenté de 1990 à 2005 pour atteindre 2,8 % puis diminué de nouveau jusqu'à atteindre 1,8 % aujourd'hui. Pour les seuls pays développés, les gains de productivité en 2015 étaient inférieurs à 1 %, alors que ces pays sont le berceau des innovations. On observe alors certainement une résurgence du paradoxe de Solow, renforcé ici par la complexité et la rapidité des innovations qui ont eu lieu ces quinze dernières années. Solow nous dirait donc : « On voit l'intelligence artificielle se développer partout et s'approcher inexorablement des capacités humaines, mais nous n'observons pas d'impact sur la croissance des gains de productivité. »

Il est difficile de savoir si ces innovations provoqueront ou non une forte croissance des gains de productivité d'ici plusieurs années, bien qu'au vu de leur puissance potentielle on puisse l'espérer. Nous sommes certainement dans la phase d'assimilation de ces innovations par l'ensemble des individus, des entreprises et des organisations, et il faudra donc attendre pour en mesurer les conséquences sur l'emploi.

Cela dit, même si ces innovations produisent effectivement des gains de productivité, il est possible que nous n'observions jamais les effets.

Les autres inconnues

L'approche théorique a permis de constater que l'existence des gains de productivité n'est pas suffisante pour redynamiser l'emploi : il faut que ceux-ci soient redistribués. Or, la croissance des inégalités depuis plusieurs décennies au sein des pays, et particulièrement des pays les plus innovants, va certainement limiter ces effets. Si la dynamique de redistribution se fait en faveur d'une petite partie de la population, il est vraisemblable qu'elle capte les fruits des gains de productivité.

De plus, même s'ils étaient redistribués équitablement, plusieurs économistes estiment que le « déversement » des emplois vers un autre secteur n'est pas possible. Et pour cause : historiquement, les révolutions industrielles ont permis aux travailleurs de se « déverser » de l'agriculture (secteur primaire) vers l'industrie (secteur secondaire), puis de l'industrie vers les services (secteur tertiaire). Or, le secteur quaternaire semble aujourd'hui bien difficile à distinguer.

Ce dernier pourrait être celui des hautes technologies ; mais si les emplois détruits par l'innovation se déplaçaient dans le secteur innovant, ce mouvement serait contraire à ce que l'on a observé jusqu'ici. De plus, le secteur des hautes technologies ne semble pas pouvoir absorber une quantité importante de travailleurs, et encore moins des travailleurs peu qualifiés (les premiers touchés par la robotisation).

Enfin, précisons que pour gagner en productivité, il faut une meilleure alliance entre le capital et le travail pour produire plus et mieux. Il ne s'agit pas de substituer le capital au travail, ce qui ne permet pas forcément de mieux produire. Jusqu'à présent, cette substitution était limitée par les capacités des machines à assurer des tâches complexes. Mais la nouvelle révolution industrielle en cours (et est-elle réellement industrielle ?) développe des innovations qui semblent pouvoir remplacer totalement l'homme, sans lui donner une autre place, une autre utilité dans la société.

Faut-il avoir peur de l'innovation ?

Encore une fois, il est possible que les innovations actuelles ne permettent pas d'améliorer la productivité du capital et du travail, mais compte tenu des possibilités qu'elles offrent, on peut en douter. Le plus grand danger reste, semble-t-il, que les gains de productivité ne soient pas redistribués, ce qui limiterait l'augmentation du pouvoir d'achat des individus. Or, sans augmentation, le mécanisme décrit plus haut et observé lors des dernières révolutions industrielles ne fonctionnera pas.

Dans ce cas, seuls les détenteurs du capital capteraient la richesse créée et le reste de la population s'appauvrirait : l'augmentation des inégalités serait inexorable. En revanche, si les gains de productivité étaient redistribués, il est difficile d'imaginer un monde sans travail ou plus globalement sans une place centrale de l'individu dans la société. En effet, même si ce fameux « quatrième secteur » ne semble pas encore exister réellement, les êtres humains ont l'immense capacité de remodeler sans cesse leurs modes de vie et s'adapteront donc à ce nouveau bouleversement.

Il ne faut pas oublier que l'économie n'est pas une science exacte. Elle détermine des règles qui ont cours sur une durée déterminée et pour une population particulière. Il y a ainsi une latitude importante permettant à l'inconnue de s'immiscer dans l'équation. Il n'est par exemple pas exclu que le secteur des nouvelles technologies puisse absorber une quantité impressionnante d'emplois, quand bien même il est le secteur innovant. De même, il n'est pas exclu que d'autres solutions émergent pour répondre à la problématique globale du chômage, comme par exemple l'émergence d'un tout autre secteur d'activité ou une nouvelle organisation sociétale redéfinissant la notion du travail (services rendus à la collectivité, entre-aide, économie collaborative : la rémunération pourrait être calculée sur le temps passé à garantir, alimenter, valoriser les biens communs). Le débat sur la taxation des robots a l'intérêt de mettre au centre la question de la rémunération et fait écho au revenu universel : si ce sont les robots qui produisent, alors le « travail » humain, forcément redéfini, pourrait être rémunéré par cette taxation.

Nous devrions donc davantage nous préoccuper de la question de la redistribution des gains de productivité émanant de ces innovations, plutôt que d'avoir peur de l'innovation en elle-même. Sinon, on ne se pose pas la bonne question : et à mauvaises questions, mauvaises réponses…

40 La responsabilité sociale des entreprises : un effet de mode ?

L'entreprise recherche la performance financière mais aussi à être un acteur responsable et éthique comme Danone dont le nouveau slogan est « *One Planet. One Health* ». La conformité des engagements y est régulièrement contrôlée. Campagnes de sensibilisation, scandales et catastrophes climatiques ont conduit les entreprises à mener une réflexion sur les problématiques sociales et environnementales. L'une des réponses proposées pour que l'entreprise joue un rôle dans ces transformations a été la création du concept de responsabilité sociale des entreprises (RSE).

Aujourd'hui, toutes les entreprises proposent une démarche, une équipe ou un rapport RSE. 80 % des PDG de grandes entreprises mondiales considèrent « l'engagement en responsabilité sociale comme un avantage compétitif indispensable pour leur entreprise » (*The UN Global Compact-Accenture CEO Study on Sustainability 2013*, février 2014). Mais est-ce un réel engagement entrepreneurial dans une visée long-termiste ? Ou simplement un enjeu marketing ou encore un effet de mode ?

D'où vient la RSE ?

Depuis la fin du XIXe siècle, le milieu des affaires américain et la société civile ont fait émerger les premières préoccupations de responsabilité entrepreneuriale face au pouvoir des conglomérats industrialo-financiers. De nouvelles structures entrepreneuriales, d'actionnariat et de management se sont mises en place. Davantage d'implication des salariés et de redistribution étaient nécessaires, amenant à considérer le poids des négociations collectives, du mécénat ainsi que de la communication en relations publiques. Il faut attendre 1950 pour que s'institutionnalisent la séparation propriété/gestion, les notions de liberté et d'éthique dans l'entreprise. L'actionnariat ne doit dès lors pas totalement dicter aux dirigeants ce qui est bon ou non pour la firme.

Ce n'est qu'en 1990 que s'affirme cette conception morale mondialisée face à la pression d'une société civile mondiale organisée, à ses attentes et aspirations pour demain. Ainsi, depuis mai 2001, face à la complexité de l'organisation de l'économie, la loi NRE (Nouvelles régulations économiques) exige dans le cadre de l'Union européenne que les entreprises cotées publient leurs résultats économiques, sociaux et environnementaux.

La Commission européenne considère la RSE comme « l'intégration volontaire des préoccupations sociales et écologiques des entreprises à leurs activités commerciales et leurs relations avec leurs parties prenantes ». L'entreprise doit intégrer des préoccupations plus larges que la simple rentabilité de ses stratégies commerciales et actionnariales et ce discrétionnairement, mais en respectant des obligations légales. Cet engagement est aussi bien pris auprès des clients, fournisseurs, médias, ONG, riverains ou institutions qui l'entourent. La RSE n'est ainsi ni une loi, ni une réglementation en vigueur.

Pourquoi l'entreprise s'engage-t-elle dans une démarche RSE ?

Une entreprise, qui s'engage dans la RSE, tient compte de son impact environnemental (limitation de la croissance face au risque de catastrophes écologiques, recyclage des déchets, moindre émission de gaz à effet de serre, allongement de la durée de vie des produits) et veille à utiliser les technologies les plus propres. La RSE est devenue un enjeu de développement durable face aux dégradations croissantes et visibles dues à l'industrialisation et à la massification des activités polluantes. La mondialisation du dernier tiers du XXe siècle a impacté profondément l'environnement naturel, économique et social avec l'allongement des chaînes de valeur. Pourtant, malgré le rapport Brundtland (1987) qui définit le développement durable et le Sommet pour la Terre (1992), les critères d'une démarche verte et sociale sont difficiles à mettre en place, et rarement totalement respectés.

Adopter un comportement responsable, c'est ainsi s'engager à entretenir les biens communs, non excluables et rivaux (ressources naturelles, environnement) : on ne peut empêcher personne de les consommer mais la quantité de ces biens est limitée. L'impact de nos modes de production et de consommation sur l'environnement est chaque jour davantage mis en exergue par un militantisme croissant qui révèle une prise de conscience généralisée. Ce critère éco-citoyen devient central dans la perception de l'entreprise, sa réputation et sa légitimité. Audits, suivis, enquêtes de satisfaction et réflexions avec les ONG permettent cet effort des entreprises, qui engagent des coûts, tout en créant des opportunités potentielles de parts de marché.

En réponse aux mœurs changeantes, aux pressions sociétales, normes et labels s'affirment à l'agenda politique et l'entreprise adapte ses standards afin d'être concurrentielle et de différencier sa production. La RSE nécessite plus d'implication des salariés et la booste en retour avec moins d'absentéisme. Il apparaît être un devoir moral aujourd'hui d'agir dans ce sens, en sus d'adopter des démarches rentables : « *Ethics is good business* ». La RSE est une internalisation des externalités négatives tout en étant une alternative aux réglementations contraignantes.

Les consommateurs sont vigilants et leur propension à consommer dépend de cette prise de conscience. L'entreprise s'engage à assurer les meilleures conditions de travail et de gestion de l'emploi en favorisant le dialogue social, la diversité (droit des vivants), la moindre discrimination, la transparence managériale, le recrutement local, développe une vision et une stratégie de long terme. C'est un domaine dans lequel la communication et le devoir de transparence sont centraux, bien que sensibles. Dans ce contexte, la labellisation sociale constitue un support de communication important. L'enjeu est fort puisqu'il s'agit d'innover et d'attirer les talents en préservant l'écosystème, motivant les collaborateurs, accédant à des financements et à de nouveaux marchés. Par ailleurs, la démarche doit être créatrice de valeur pour l'entreprise.

Un des enjeux principaux est donc de redéfinir les modèles de gouvernance. En effet, la notion d'un collectif de travail avec une myriade de projets responsables, cohésion et motivation comme l'envisage la RSE oblige à abandonner la *shareholder value* (1) au profit de la *stakeholder value* (2). Le capitalisme avec œillères qui n'envisage que la maximisation de la valeur actionnariale (1) n'est plus tendance. La bonne allocation des ressources est alors largement questionnée car cela a conduit durant des années à un sous-investissement dans les relations entre parties-prenantes (2) afin de les associer à la création de valeur. La lutte contre le manque d'intégration de toutes les parties prenantes doit devenir une priorité pour aller vers ces nouvelles performances. Il faut alors valoriser la mise en place d'une démarche RSE *via* une communication forte pour qu'en retour la réputation de l'entreprise s'accroisse, l'engagement citoyen étant considéré par les Français comme central pour une entreprise. La RSE doit donc être une croyance partagée autant par la base que par la direction.

Quel bilan et quelles perspectives ?

La RSE est un long processus de persuasion, mais l'entreprise est-elle légitime à avoir des buts sociaux ? Cette démarche est soumise aux critiques. Il existe un lien fort entre gouvernance et RSE mais aussi une hiérarchie des collaborateurs au sein d'une entreprise avec des droits et des intérêts différents. L'entreprise responsable peut paraître parfois n'être qu'un mythe, « la seule responsabilité sociale de l'entreprise est d'augmenter son profit » selon Milton Friedman et les choix des consommateurs reflètent leur engagement éthique. Or, cela ne doit pas peser sur le profit de l'entreprise à travers des prix plus élevés. La taxation étant une prérogative gouvernementale, les entreprises n'ont pas nécessairement à disposition les fonds pour agir efficacement. Selon Chase et Smith, environ 6 % des consommateurs identifient les publicités et actions vertes émanant des entreprises comme « très crédibles ». D'ailleurs, les outils d'évaluation sont une difficulté. Il faut rendre des comptes sur la qualité d'une démarche qui reste floue dans sa définition et ses objectifs.

La multiplication des labels et indicateurs érode leur valeur, d'autant que ces normes transnationales sont parfois peu comprises et créent de la confusion. Le rapport RSE est essentiellement destiné aux agences de notation extra-financière, et le nombre de rapports a explosé ces dernières années. Entre 2005 et 2008, la publication de rapports « verts » dans les grandes entreprises s'est ainsi accrue de plus de 160 %. En 2017, l'étude de Bain & Company affiche que 90 % des entreprises (sur un panel de 300) n'atteignent pas leurs objectifs RSE du fait d'un manque d'implication des salariés dans la démarche de transformation vers une structure plus éthique.

Les efforts ne doivent pas rester circonscrits à un petit cercle d'individus dans l'entreprise mais se généraliser à l'ensemble des parties prenantes. Or, un quart des salariés considèrent que cela n'est pas réalisable, souvent par manque de moyens mis en place. Les dirigeants doivent ainsi faire preuve de communication, de stratégie et d'engagement en laissant le manager arbitrer avec des intérêts divergents. Et surtout parmi les entreprises qui sont impliquées, seules 2 % atteignent les objectifs environnementaux fixés (selon le rapport Bain & Company de 2016) car ce n'est pas une priorité.

L'adoption en mars 2017 d'une loi sur le devoir de vigilance des entreprises, renforce le *soft law* et l'importance des engagements internes éthiques et responsables. Les résultats sont positifs, il ne faut donc pas tomber dans le « *greenbashing* » car, selon France Stratégie, les entreprises ayant adopté cette démarche ont augmenté en moyenne leur performance de 13 % notamment de part des investissements responsables. Les initiatives pour promouvoir le développement durable (*Global Reporting Intiative*, norme ISO 26 000) font preuve de plus en plus de fiabilité. Cela permet de prévenir et de maîtriser les risques, de s'assurer géopolitiquement un accès aux matières premières et faire en sorte que l'activité en question soit socialement acceptée. Il ne s'agit donc pas que d'un effet d'aubaine. L'investissement en capital humain attire les talents, motive les collaborateurs mais aussi l'innovation de produit, managériale, social… Les pays émergents s'y mettent également, comme l'Inde qui a promulgué en 2014 sa première loi obligatoire sur la responsabilité sociale pour initier l'innovation qui y est liée.

La RSE constitue une tendance de gestion et du marketing des entreprises du XXIe siècle. Il ne s'agit pas d'un simple effet de mode éphémère mais bien d'une préoccupation ancrée déjà depuis plus d'un siècle, actualisée pour s'adapter aux nouvelles exigences du marché et essayer d'en tirer le meilleur parti. Aucune organisation ne peut aujourd'hui ignorer la RSE et son lien fort avec la gouvernance. Elle connaît un déficit de crédibilité face à beaucoup de communication qui s'incarne peu dans les faits. Il n'est pas aisé de gérer la trilogie pression publique, implication des entreprises et conformité aux objectifs. Avec la RSE, l'entreprise tente en dehors de ses performances économiques de contribuer au bien-être collectif et à la constitution d'une culture commune.

LES AUTEURS

MARION AMIOT, diplômée de la *London School of Economics*, de Birkbeck University et de l'université Paris-Dauphine en économie, politique économique européenne et économétrie, est actuellement économiste senior chez S & P Global Ratings, où elle est responsable des analyses économiques et des prévisions pour la zone euro. Auparavant, elle a travaillé en tant qu'économiste pour Oxford Economics, Exane Ltd, ainsi que GaveKal Research. Marion Amiot est membre de BSI Economics.

▶ 1 (avec Arthur Jurus)

PIERRE-MICHEL BECQUET, diplômé de l'université Paris-Dauphine en économie monétaire et financière, évolue comme responsable de la gestion des risques de crédit au sein d'une grande institution bancaire française. Il justifie d'une longue expérience dans le financement des entreprises. Ses centres d'intérêts portent en particulier sur le financement bancaire, le capital-investissement mais aussi le financement participatif, notamment *crowdequity* et *crowdlending*.

▶ 13, 25

RENAUD BELLAIS, diplômé de l'Institut d'études politiques de Lille, docteur en sciences économiques de l'université du Littoral et habilité à diriger des recherches de l'université Grenoble-Alpes, est conseiller institutionnel du président exécutif de MBDA après différents postes dans l'industrie (EADS, Astrium, Airbus Group, Airbus) et au ministère de la Défense (DGA). Il est chargé d'enseignement en économie de la défense (ESM Saint Cyr-Coëtquidan, universités Paris I, Paris II et Grenoble-Alpes), en économie de l'innovation (université Paris I, ENSTA Bretagne) et en économie internationale (IRIS). Il est chercheur associé à l'ENSTA

Bretagne et au CESICE, université Grenoble-Alpes. Il est auditeur de la 68e session nationale « Politique de Défense » de l'IHEDN.
▶ 9

SYLVAIN BERSINGER est économiste à l'Institut pour l'éducation financière du public (La finance pour tous). Il est diplômé du master Monnaie, finance, gouvernance de l'université Lyon 2 et du master Diagnostic économique international de l'université Paris-Dauphine. Il est l'auteur de plusieurs ouvrages tels que *L'économie en clair* aux éditions Ellipses et *Les entrepreneurs de légende* aux éditions Enrick B.
▶ Coordination de l'ouvrage

ANA BOATA est diplômée des universités Paris I-Panthéon-Sorbonne et Paris II-Panthéon-Assas. Elle rejoint Euler Hermes en novembre 2012 en tant qu'économiste spécialiste du marché européen. Elle dirige depuis 2018 le pôle de recherche Europe et de la recherche thématique PME. Elle a obtenu en 2019 le prix du meilleur prévisionniste de la zone euro, attribué par Consensus Forecast. Elle donne des interviews régulières sur des sujets d'actualité tels que le Brexit, l'Italie ou la Grèce auprès d'importants médias internationaux que sont BFM, *Le Monde*, *Les Échos*, CNBC, Channel IV, *The Times* ou *Milano Finanza*. En parallèle, Ana dispense des cours de conjoncture macroéconomique à Dauphine ainsi que des cours de risques pays à Sciences Po Paris. Avant d'occuper son poste actuel, Ana Boata a travaillé en tant qu'économiste chez Exane BNP-Paribas pendant 2 ans.
▶ 2 (avec Alexis Garatti)

CHARLES BONATI est docteur en économie de l'université Paris I-Panthéon-Sorbonne. Il est diplômé du master Économie internationale de l'université Paris-Dauphine et du master de Statistiques de l'UPMC. Il est analyste dans le domaine de la finance d'entreprise. Il a été actuaire dans une grande banque française puis statisticien à l'OCDE. Ses recherches portent sur l'économie publique et politique. Ses principaux centres d'intérêt sont les politiques budgétaire et monétaire, l'architecture financière internationale, les problématiques européennes, le risque pays et le big data.

▶ 18, 22

HADRIEN CAMATTE est économiste-prévisionniste en banque centrale, après avoir été adjoint au chef de bureau Diagnostic et prévision à la Direction générale du Trésor. Il est diplômé du master Économie internationale, politiques macroéconomiques et conjoncture de l'université Paris X-Nanterre et de l'École supérieure de commerce de Reims (*Neoma Business School*). Ses travaux portent sur l'analyse de la conjoncture en zone euro.

▶ 23

ROMARIC CHALENDARD, actuaire diplômé de l'Institut de science financière et d'assurances, dirige une start-up qu'il a fondée. Ses domaines de spécialisation portent principalement sur la protection sociale, la gestion des risques ainsi que sur les réglementations prudentielles bancaires et assurantielles.

▶ 28

LAURENT CLAVEL, responsable de la Recherche AXA IM-Core Investments, a rejoint AXA IM en août 2015 comme économiste international, pour diriger ensuite l'équipe Recherche macroéconomique. Il a été nommé responsable de la Recherche AXA en février 2019, regroupant analystes crédit, macroéconomistes et stratégistes. Laurent dirigeait depuis 2013 la division Synthèse conjoncturelle de l'Insee. Auparavant, il a passé trois ans à l'ambassade de France en Suède en qualité de conseiller financier pour les pays nordiques. Il avait précédemment travaillé pour le ministère du Budget et l'Insee. Laurent Clavel est titulaire d'un master de Sciences en analyse et politique économique de l'École d'économie de Paris, couplé d'une spécialisation macroéconomie et politiques économiques (ENSAE Paris Tech) et est diplômé de l'École Polytechnique.

▶ 3

MARINE COINON, diplômée de l'École d'économie de Toulouse, prépare une thèse sur les préoccupations environnementales liées aux changements d'affectation des sols à l'université Bourgogne-Franche-Comté. Ses principaux centres d'intérêt portent sur

l'économie environnementale, l'économie urbaine et l'évaluation des politiques publiques. Marine Coinon est directrice exécutive de BSI Economics.
▶ 11 (avec Charlotte Gardes)

MARINE DE TALANCE, diplômée de l'ESCP Europe ainsi que de l'université Paris-Dauphine où elle a obtenu une thèse en Sciences économiques, est actuellement maître de conférences à l'université Paris-Est Marne-la-Vallée. Elle est également chercheure associée à DIAL, une unité mixte de recherche entre l'université Paris-Dauphine et l'Institut de recherche pour le développement (IRD). Ses principaux centres d'intérêt portent sur les problématiques relatives à l'économie du développement, l'économie de l'éducation et l'évaluation des politiques publiques.
▶ 34, 36, 37

SAMUEL DELEPIERRE, agrégé de Sciences économiques et sociales, est économiste au Fonds monétaire international (FMI).
▶ 5

GEORGES DIB, diplômé de Sciences Po Paris et de Columbia University à New York, est économiste et analyste risque pays chez Euler Hermes (Groupe Allianz). Il y assure la couverture de la région Amérique latine, Espagne et Portugal et des thématiques liées au commerce international. Cela implique des présentations aux clients et des réponses aux sollicitations des médias. En tant que délégué au Y7 (Youth7), le groupe d'engagement du G7 auprès de la jeunesse, Georges Dib a aussi travaillé sur des recommandations aux chefs d'État en matière de lutte contre les inégalités économiques.
▶ 8 (avec Ludovic Subran)

MARION DIEUDONNÉ, docteure en histoire de la pensée économique sur l'entreprise et sa gouvernance à l'université Paris-Dauphine, est actuellement professeure de Sciences économiques et sociales en lycée. Elle a effectué divers enseignements d'économie à Paris I-Panthéon-Sorbonne, Sciences Po Paris, l'ESC Troyes et Paris-Dauphine.
▶ 21, 24, 40

ALEXIS GARATTI a rejoint Euler Hermes en tant que directeur des Recherches macroéconomiques en 2017. Il supervise l'équipe de Recherches macroéconomiques et la production d'analyses et prévisions économiques. Avant cela, il travaillait pour Taikang Asset Management en tant que directeur de la Recherche économique mondiale, fournissant des analyses multi-actifs et des décisions stratégiques sur un portefeuille d'actions mondiales. Depuis 2009, il a travaillé pour de nombreux assets managers à Hong Kong, avec une spécialisation particulière sur la Chine et l'Asie-Pacifique. Il a commencé sa carrière en tant qu'économiste chez Natixis, travaillant trois ans à Paris et deux ans à Londres. Il couvrait alors le Royaume-Uni et les économies d'Europe du Nord, avant de se concentrer sur les États-Unis et la zone euro.

▶ 2 (avec Ana Boata)

CHARLOTTE GARDES, diplômée de Sciences Po Paris et de l'université Paris II-Panthéon-Assas en économie internationale et en droit des affaires, prépare une thèse en économie sur l'intégration du risque climatique dans la réglementation financière, sous le prisme de l'analyse économique du droit. Elle a commencé sa carrière à l'Autorité des marchés financiers. Ses centres d'intérêt portent sur la finance durable et le financement des infrastructures, l'économie environnementale et la régulation bancaire et financière. Elle préside le Comité d'orientation et d'éthique de BSI Economics.

▶ 11 (avec Marine Coinon)

DORIAN HENRICOT travaille comme économiste sur les sujets de stabilité financière en banque centrale. À ce titre, il s'intéresse aux liens entre la macroéconomie et le secteur financier, et participe à la mise en œuvre de la politique macroprudentielle. Ses travaux portent en particulier sur l'endettement du secteur privé, et sur la régulation bancaire. Auparavant, il était consultant chez McKinsey. Dorian Henricot est diplômé de l'École Polytechnique, et a un master d'économie de Pompeu Fabra.

▶ 26

ARTHUR JURUS, diplômé de l'université Paris I-Panthéon-Sorbonne, de l'École d'économie de Toulouse et formé au Centre d'études des politiques économiques (ENSAE), est chef économiste de Landolt & Cie SA après avoir évolué comme économiste au Crédit Agricole, à la Société Générale, à la Caisse des Dépôts, chez Mirabaud Asset Management, au sein du groupe Edmond de Rothschild et comme enseignant à l'université Paris I-Panthéon-Sorbonne. Il est également contributeur pour le magazine *Forbes*, intervenant dans différents médias francophones et anglo-saxons, contributeur au sondage des prévisionnistes professionnels auprès de la Banque centrale européenne et vice-président de l'Association des stratégistes de Genève (ISAG). Arthur Jurus est secrétaire général de BSI Economics.

▶ Coordination de l'ouvrage, 1 (avec Marion Amiot), 29

FLORIS LALY est doctorant à l'université catholique de Louvain où il prépare une thèse en microstructure des marchés financiers. Il enseigne par ailleurs la finance à la *Louvain School of Management* (Belgique).

▶ 31, 32

VICTOR LEQUILLERIER est diplômé de l'École d'économie de Paris et de l'université Paris I-Panthéon-Sorbonne en monnaie-banque-finance, est économiste au sein d'une institution financière. Il a auparavant évolué au sein des services d'études économiques du Crédit Agricole et de Coface. Ses domaines d'intérêt portent essentiellement sur le risque pays et la stabilité financière. Victor Lequillerier est président de BSI Economics.

▶ Introduction, coordination de l'ouvrage

GEOFFREY LORRE est docteur en économie de l'université Paris-Dauphine où il a enseigné la macro-économie, de même qu'à Sciences Po Paris, sur des thématiques portant sur la croissance, l'investissement public et privé ou encore les marchés financiers. Son doctorat portait sur des questions agricoles, principalement la spéculation et son impact sur les producteurs à la suite de la crise alimentaire de 2007-2008.

▶ 19, 39

FLORINE MARTIN, docteur en Sciences économiques de l'université Paris-Est Marne-la-Vallée, est spécialiste des questions relatives au chômage, à l'accompagnement des demandeurs d'emploi, et à la formation.

▶ 38 (avec Sandra Nevoux)

JULIEN MOUSSAVI diplômé de l'ENSAE ParisTech et d'un doctorat en Sciences de gestion de l'université Paris-Dauphine (laboratoire DRM-Finance). Il évolue actuellement au sein d'un service de stratégie et de recherche économique dans le secteur des indices de risque souverain sur le segment de l'ESG chez Beyond Ratings, une entité du groupe LSEG. Ses principaux centres d'intérêt portent sur le développement économique des souverains, leurs commerces, leurs marchés financiers ainsi que leurs politiques budgetaires et monétaires. Il intervient aussi sur l'intégration des risques liés au changement climatique sur le plan économique et financier. Julien fait également partie du comité éditorial de BSI Economics.

▶ 10

SANDRA NEVOUX, docteur en économie de l'École Polytechnique, a effectué sa thèse sur la problématique de l'activité partielle. Ses domaines de recherche portent sur l'économie du travail, la microéconomie appliquée, l'économie publique et l'économie géographique. Dans le cadre de son doctorat, elle a été affiliée au Centre de recherche en économie et statistique (CREST) et a également travaillé au sein de la direction de l'Animation de la recherche, des études et des statistiques (DARES) du ministère du Travail, de l'Emploi, de la Formation Professionnelle et du Dialogue Social. Elle est diplômée du master de recherche Économie et politiques publiques de l'École Polytechnique, l'École nationale de la statistique et de l'administration économique (ENSAE) et l'Institut d'études politiques de Paris (Sciences Po).

▶ 38 (avec Florine Martin)

NICOLAS PIETRZYK, diplômé de l'École normale supérieure de Cachan et de Sciences Po Paris, est économiste dans le secteur public. Il a auparavant enseigné l'économie et la gestion au sein d'universités et de grandes écoles et travaillé dans plusieurs institutions nationales et internationales. Ses centres d'intérêt portent principalement sur les politiques économiques et l'économie de la culture.

▶ 35

JULIEN PINTER est chercheur en économie monétaire et bancaire à l'université Charles, actuellement *visiting scholar* à l'université de Harvard. Il est docteur diplômé de l'université Paris I-Panthéon-Sorbonne. Il travaille sur les questions relatives aux risques aux bilans des banques centrales, aux régimes de change et à la communication des banques centrales. Il a des expériences de travail à la Banque centrale européenne et à la Banque de France en particulier. Il a été *visiting researcher* à l'université d'Amsterdam, a travaillé à l'université de Bruxelles Saint-Louis et étudié à l'université de Stockholm.

▶ 4

THOMAS RENAULT est maître de conférences à l'université Paris I-Panthéon-Sorbonne. Membre du laboratoire d'excellence sur la régulation financière (LabEx Refi), Thomas Renault est aussi le créateur du blog de vulgarisation économique et financière « Captain Economics ».

▶ 27, 30, 33

MARC-OLIVIER STRAUSS-KAHN est directeur général honoraire de la Banque de France (BDF), président du Conseil scientifique de Citéco, Cité de l'économie, et membre du Conseil d'administration de l'association 1901 gérant ce musée. Il enseigne l'économie et préside ou est membre de divers conseils d'administration d'établissements à but lucratif ou non. Il a travaillé à la BDF où il a été chef économiste pendant douze ans, ainsi qu'au FMI, à l'OCDE, à l'embryon de la BCE, à la BRI, à la FED et à la BID. Il est *senior fellow* à l'*Atlantic Council*. Il a été membre de cercles académiques comme le *Peterson Institute of International Economics*, le Conseil de l'*International Journal of Central Banking* et celui de la SUERF, ou suppléant dans plusieurs instances internationales et européennes (BRI, G20-G7, Conseil économique et financier, etc.). Officier de la Légion d'Honneur, il est diplômé en France (ESSEC, IEP-Paris, Paris I et Paris X) et aux États-Unis (université de Chicago).

▶ Préface

LUDOVIC SUBRAN est chef économiste d'Allianz et d'Euler

Hermes. Il est aussi membre du Conseil scientifique de BSI Economics. Avant de rejoindre le secteur financier, il a travaillé au ministère de l'Économie et des Finances, aux Nations unies et à la Banque mondiale. Il enseigne l'économie à HEC et à Sciences Po Paris.

▶ 8 (avec Georges Dib)

SACHA TENENBAUM, diplômé du master Diagnostic économique de l'université Paris-Dauphine, travaille actuellement en tant qu'économiste chez IHS Markit, après des expériences d'assistant de recherche en finances publiques internationales au sein d'une agence de notation financière, et d'économiste assistant au sein du service des études économiques de Crédit Agricole SA. Ses centres d'intérêt portent sur l'économie de l'environnement ainsi que sur les problématiques relatives au développement et au risque pays.

▶ 20

ADRIEN TENNE, diplômé de l'École Polytechnique et du master *Finance and Economics* de la *London School of Economics*, a travaillé pour une banque centrale de l'Eurosystem. Ses travaux portent sur la finance, la régulation financière et la macroéconomie internationale. Adrien est membre du comité éditorial de BSI Economics. Il évolue maintenant dans le secteur privé, en particulier dans le conseil aux institutions financières.

▶ 12, 15, 17

PHILIPPINE DE T'SERCLAES travaille dans le domaine de l'énergie et de la finance depuis plus de quinze ans. Docteur en économie de l'université Paris I-Panthéon Sorbonne, elle est également diplômée en droit et finance de la *London School of Economics* et en sciences politiques de l'université McGill. Directrice générale des Partenariats stratégiques chez Schneider Electric, elle est conseillère du président directeur général. Philippine a été directrice exécutive de Aequero à Hong Kong, agence de conseils financiers dans l'énergie et les infrastructures. Elle a occupé le poste de *senior economist* au sein de l'Agence internationale de l'énergie/OCDE. Philippine était experte pour le GIEC 2007, ainsi que lors du *Solution Summit* du vice-président Al Gore. Elle intervient comme économiste spécialisée dans l'énergie et le changement climatique dans différents forums (*World Economic Forum Davos, Bloomberg New Energy Finance, Women's Forum for the Economy & Society, Green Growth Summit*, OCDE, AIE). Philippine de T'Serclaes est membre de BSI Economics.

▶ 14

MATHILDE VIENNOT, diplômée de l'École normale supérieure de Cachan et de l'École d'économie de Paris, est docteure en économie après une thèse sur les crises financières et le défaut souverain. Chercheure associée au département d'économie de l'École normale supérieure, elle a été conseillère au cabinet de Bernard Spitz à la Fédération française de l'assurance et est désormais cheffe de projet au département Société et politiques sociales de France Stratégie (services du Premier ministre). Elle s'y concentre sur les sujets d'inégalités et de protection sociale.

▶ 16

PAULINE WIBAUX prépare actuellement une thèse en macroéconomie internationale à l'université Paris I-Panthéon-Sorbonne et *Paris School of Economics*. Ses travaux de thèse portent sur la guerre des monnaies et la guerre commerciale. Plus largement, elle s'intéresse aux évolutions du système monétaire international, ainsi qu'aux problématiques de protectionnisme.

▶ 6

JÉRÉMY ZRIBI est diplômé du master Économie internationale et Développement de l'université Paris-Dauphine. Il a auparavant évolué en tant qu'analyste risque-pays au Crédit Agricole CIB et comme chargé de recherche au sein de la Chaire « Transitions démographiques, Transitions économiques ». Ses principaux centres d'intérêt portent sur le commerce international, ainsi que sur des problématiques liées aux politiques structurelles au sein des pays émergents et en développement.

▶ 7

80569 - (I) - OSB 80° - NOC - MPN

JOUVE

1, rue du Docteur Sauvé, 53100 MAYENNE

OF : 2947329D

Dépôt légal : janvier 2020

Imprimé en France